シンプルはおいしい！

石原洋子

100冊以上の本に携わった
ベテラン料理家がたどり着いた
コツとレシピの決定版

主婦と生活社

はじめに

毎日の食事は安心して食べられ、がんばらないで作り続けられること、そして飽きのこないことが一番です。わが家では「シンプル・イズ・ベスト」を心がけています。栄養がたくさん詰まった旬の食材を使い、身近な調味料で、なるべく短時間で作ります。ただ、人工的な添加物はできるだけ使わないようにしています。

日々お料理を作っていると、丁寧にひと手間かけたり、ちょっとしたコツで、おいしさが2倍になると感じることがしばしばあります。それがさらに私を料理に引きつける源になっています。

この本では、普段の日に食べたくなる、シンプルで簡単なお料理とコツを紹介しています。何げなくてホッとする、手作りの食事こそがごちそうのように思えます。そんな、心がつながるおいしさ、家族を思うひと皿のお役に立てることを願っております。

常備菜クッキングBOOK
わが家の保存食レシピ
わが家のからだにいい料理
季節の保存食
基本のおかず
かんたん作りおき
洋食バイブル
LEE
パワフル・ベジタブル
家庭の基本料理帖
料理教室のスペシャルレッスン
料理教室のベストレシピ
生もの野菜レシピ
生ものレシピ
きょうの晩ごはん
ひと皿で一日分の野菜がとれるよくばりレシピ
私がつくったお食事どうぞ
私がつくったおかしをどうぞ
おうちごはんレシピ
ふたりのごはん
お料理上手の基本
ホームフリージング
まいにちマリネ
ちょこっと漬けもの
石原洋子

もくじ

＊大さじ1は15㎖、小さじ1は5㎖、1カップは200㎖です。

1. 家庭料理はがんばらなくていいの

シンプルで簡単な料理こそ家庭の味

私が料理研究家になったころ、本や雑誌で紹介される家庭料理は手間も時間もかかりました。日本の高度成長が終わる時期で、みんながもっとおいしく、新しい料理を求めていました。以来、この仕事に携わり、時代のニーズに合わせた作りやすさを求めてきた結果、「料理はシンプルでいい」と考えるようになりました。

その代わり、ほんのちょっとしたことに気をつかう。たとえば、魚の塩焼きは自然塩をふり、少しだけおいてから焼く。それだけで素材の持ち味が生き、おのずとおいしくなります。

家庭料理は安心して食べられ、飽きがこないこと、そして作り続けられることが大切です。それにはシンプルで簡単に作れる料理を知ることだと思います。手間と時間がかかる料理は特別な日のごちそうと心得て、毎日の料理はがんばる必要はないのです。

塩焼きにすれば、どんな食材もおいしくなる！

簡単であっさりとした食事を食べたいとき、わが家ではよく塩焼きを作ります。肉や魚に塩をふり、フライパンか魚焼きグリルで焼いて、大根おろしなどを添えるだけ。塩焼きはシンプルですから、うまみ、香り、食感などがそのまま残り、素材そのものの味がストレートに伝わります。繰り返し食べても飽きず、時には食べ慣れた肉や魚のおいしさを改めて発見し、ハッとすることさえあります。

人がおいしいと感じる塩分濃度は約1％だそうです。塩はどんな食材にも合う調味料。この濃度を目安にすれば、塩焼きは簡単！　パパッと作れておいしい、一番の調理法だと思います。

塩味がまろやかな自然塩を使う

使う塩は、海水由来のミネラル分をバランスよく含む「自然塩」を使っています。そのほうが味がまろやかになるような気がします。

薄切り肉なら、焼く直前に、三本指で塩をつまんでパラパラとふります（10頁）。後でしょうゆをかけてもよいように、ごく薄めに。塩を多くふると、肉の繊維が縮んでかたくなります。肉の下味にふる塩は焼き色をつきやすくし、香ばしく焼くためと考えてください。焼くときは中火～中火強の火加減で5～6割焼いて返します。

魚の場合の塩はもっと多めです。魚にもよりますが、青背魚の場合は、1切れ約100gに小さじ1/4～1/3の塩を全体にふり、10～20分おいて、出てきた水けをふき取ります（11頁）。この塩は味つけの目的もありますが、余分な水分を除いて身を締め、臭みを取るためでもあります。

魚は皮目から焼く

魚のなかでも、一尾魚やさばの切り身のように表面が皮でおおわれているものは、焼いている間に皮が破れてしまうので、塩をふる前に切り込み（「飾り包丁」という）を入れておくと、焼き上がりがきれいです（11頁）。

私は料理の修業時代に、「海の魚は皮から焼く」と教わりました。さばの切り身などは先に皮目を焼いておけば、返しても脂が落ちることなく、おいしく焼き上がるというわけです。

牛肉のさっと焼き 薬味野菜添え

赤身肉のうまみがストレートに伝わります。焼くときは塩を薄めにして、足りない分は食卓でふりましょう。

わが家では、大根おろしを添え、しょうゆ少々をふっていただくこともあります。豚肉なら、ロースや肩ロースがおすすめです。

材料（2人分）

牛もも薄切り肉…200g
A［粗塩、こしょう…各少々
サラダ油…大さじ1/2
薬味野菜
［玉ねぎ…1/2個（100g）
青じそ…5枚

作り方

1 薬味野菜を準備する。玉ねぎは縦薄切り、青じそはちぎる。ともに冷水に3分ほどさらし、シャキッとしたらざるにあげ、水けをきる。

2 牛肉は広げ、両面にAをふる。フライパンにサラダ油を中火で熱し、牛肉を広げて入れる。肉の色が変わって薄く焼き色がついたら返し、さっと焼く。

3 器に**2**を盛り、**1**をたっぷりのせる。

さばの塩焼き

脂がのったさばは塩焼きに限る、と言いたいほど。魚に塩がきいているので、しょうゆはかけなくてもいいくらい。

青ゆずの代わりは、すだち、かぼす、レモン、黄ゆずなどお好みで。酢でもいいです。

材料（2人分）
さば…2切れ（200g）
粗塩…小さじ2/3
大根…1/4本
（好みで）青ゆず…適量

作り方

1 さばは皮目に切り込みを2本ほど入れ、両面に塩をふって、10〜20分おく。大根は皮をむいてすりおろし、ざるにあげて水けを軽くきる。

2 さばから出た水けをふき取り、魚焼きグリルに皮側を上にしてのせる。中火で4〜5分焼いて、きれいな焼き色がついたら返し、身側も同様に焼いて中まで火を通す。

3 器に**2**を盛り、**1**の大根おろしをたっぷりと添える。好みで、くし形に切った青ゆずを添える。

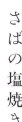

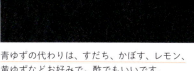

炒めものは上下をさっと返すだけ。手を動かすほどクタッとします

料理教室の生徒さんに「手早く炒めてください」と言うと、みなさん腕を盛んに動かして、フライパンの中をかき混ぜるように炒めています。しかし、これでは肉に焼き色がつかず、野菜の水分もとばず、仕上がりがクタッ！　がっかりです。

単なる「もやしの塩炒め」でも、もやしの表面を油の膜がおおって、内部の水分が外に出ないように炒めたものは、歯ざわりがシャキシャキッとしてみずみずしく、「えっ、これがもやし？」と、驚くほどです。上手に炒めるにはどこに気をつければよいか、「肉野菜炒め」（レシピは16頁）を例にお伝えしましょう。

野菜はさっと洗い、ざっと水けをきればいい

キャベツも、青菜も、もやしも、炒める野菜は水でさっと洗い、ざるにあげてざっと水けをきります。サラダのように、水につけてシャキッとさせ、水けをしっかりきる必要はありません。プロは野菜を水につけて水分を戻すことをしますが、その

時間とでき上がりを天秤《てんびん》にかけると、家庭ではそこまでしなくてもよいと思います。

なお、もやしは洗う前にひげ根を取ると（18頁）、もやし独特の臭みや、ひげ根についた水けが取れ、シャキッと炒めることができます。手間はかかりますが、おいしさに違いが出るので、時間があれば、いちど試していただきたい下ごしらえです。

切るときは、食べやすい大きさを目安にします。にんじんなどかたいものは、キャベツや玉ねぎと火の通りを均一にするために、薄く切ります。キャベツのかたい軸も甘みがある部分ですから、捨てずに縦薄切りにし、一緒に炒めましょう。

肉、かたい野菜の順に加えて炒める

にんにくやしょうがなど、香りづけの香味野菜があれば先に炒めますが、具材はまず、肉から炒め始めます。フライパンを熱して油が全体にまわったら、肉を入れます。火加減は強めの中火です。このとき、肉は炒めるというよりも、焼きつけると思ってください。あまり動かさずに、肉に焼き色をつけるのです。なぜなら、この香ばしい焼き色こそが、野菜炒めのおいしい風味の素になるからです。

次に、野菜のかたいものから順に、それぞれ油が全体にまわるように炒めながら、加えていきます。野菜を分けて加えるのは、火の通りを均一にするためですが、野菜を一気にたくさんドサッと入れてしまうと、フライパンの中の温度が急に下がり、水が出て、シャキッとした炒めものにならないという理由もあります。炒めものは短時間で加熱する調理です。フライパンの中の温度を下げないことが、重要なのです。

上下を返すように炒める

炒めるときは、へらやフライ返しなどを使って、具材の上下を返すように炒めます。こうすることで、フライパンの中の蒸気をとばし、野菜をシャキッとさせるのです。プロの料理人が華麗にフライパンをあおっている様子を見たことがあると思いますが、それと同じ原理です。

味つけは野菜のかさが減ったとき

野菜のかさが心もち減ったら、調味に取りかかります。酒としょうゆは鍋肌（フライパンの内側面）から回し入れます。フライパンの熱い部分に接触させて、酒はアルコール分をとばし、しょうゆはさっと蒸気をとばして、香りを立てるためです。最後は、塩、こしょうで味を調えて、でき上がりです。

野菜は洗って、ざるにあげます。こうして野菜の表面に残った程よい水分が、炒めているときに蒸気となり、シャキッとした食感に。

もし、えびや卵のように、火を通しすぎるとかたくなる材料を加えるときは、先に炒めて取り出し、野菜を炒めます。このように分けて炒めるときは、野菜に塩少々を加えて炒めると、最後に合わせるときに味のバランスが取りやすくなります（20頁）。

合わせ調味料というワザ

もうひとつ、炒めもので失敗しやすいことは、「調味料を出して、はかって、加える間に、火が入りすぎて、クタッとしてしまった！」ではないでしょうか？ 先に調味料をはかって容器に入れ、調理する側に置いておくのがベストですが、そこまでしなくても、使う調味料を前もって出し、計量スプーンを添えて、手に取りやすくしておきましょう。

とはいえ、野菜炒めのように少ない調味料ならまだしも、八宝菜やマーボーの類いのように多くの調味料を加えるときは、先に調味料を合わせておきます。そのほうが調味料同士がよく溶け合い、加えたときに具材ともよくなじみます。

まだ料理に慣れない方は、この合わせ調味料の手法を取り入れて、同時に加える調味料（肉野菜炒めなら、酒としょうゆ）を合わせておくと、あわてないですむと思います。

合わせ調味料は、炒めものを作るときに便利です。

肉野菜炒め

しょうゆと塩ベースのシンプルな味つけ。豚肉は表面をカリッと、野菜はシャキッとなるように炒めます。

材料（2人分）

豚こま切れ肉…150g
塩…少々
キャベツ…4〜5枚（300g）
玉ねぎ…1/2個（100g）
にんじん…1/2本（75g）
しょうが（薄切り）…1/2かけ
サラダ油…大さじ1
A
- 酒…大さじ1
- しょうゆ…大さじ1/2

塩…小さじ2/3
こしょう…少々

作り方

1 豚肉は大きければ切り、塩少々をまぶして下味をつける。キャベツは葉をひと口大に、軸を縦薄切りにする。玉ねぎは横1.5㎝厚さに切ってばらす。にんじんは皮をむき、2〜3㎜厚さの半月切りにする。

2 フライパンにサラダ油を弱火で熱し、しょうがを炒めて香りを出す。強めの中火にし、豚肉を加えて焼きつけるように炒める。

3 豚肉から脂が出てきたら、にんじん、玉ねぎを順に加えながら炒め、最後にキャベツを加えて、水けが出ないように上下を返しながら炒める。野菜のかさが少し減ったところで、鍋肌からAを回し入れ、塩小さじ2/3、こしょうを全体にふり入れて炒め合わせる。

青菜の香味炒め

にんにくと唐辛子の香りを油に移してから小松菜を入れ、香ばしく炒め上げます。

材料（2人分）
小松菜…1束（200g）
にんにく（薄切り）…1かけ
赤唐辛子（種を取る）…1本
サラダ油…大さじ1/2
酒…大さじ1/2
塩…小さじ1/4

作り方

1 小松菜は根元に十文字の切り込みを入れ、たっぷりの水に2～3分つけて、茎の間の泥を洗い落とす。4～5cm長さに切って、茎と葉にざっと分ける。

2 フライパンにサラダ油を弱火で熱し、にんにくと赤唐辛子を炒めて香りを出す。強めの中火にし、小松菜の茎を入れてさっと炒め、葉を加えて炒める。鍋肌から酒を回し入れ、塩で調味して炒め合わせる。

もやしのシンプル炒め

味つけは塩とこしょう、酒だけ。初めから最後まで強火で炒め、シャキッと仕上げます。

材料（2人分）
もやし…1袋（200g）
ごま油…大さじ1/2
酒…大さじ1
塩…小さじ1/4
こしょう、七味唐辛子…各少々

作り方

1 もやしはひげ根を取り（写真）、洗って、ざるにあげる。

2 フライパンにごま油を熱し、もやしを入れて強火で炒める。しんなりしたら酒を鍋肌から回し入れ、塩、こしょうで調味して炒め合わせる。器に盛り、七味唐辛子をふる。

ごぼうとにんじんのきんぴら

火の通りを均一にし、食感をよくするために、ごぼうとにんじんは大きさをそろえます。

材料（2人分）

ごぼう…小1本（150g）
にんじん…1/3本（50g）
赤唐辛子（種を取る）…1本
ごま油…大さじ1
A ┌ 酒、みりん、しょうゆ
　│ …各大さじ1
　└ 砂糖…小さじ1

作り方

1 ごぼうは皮を洗って5cm長さのせん切りにし、水に5分ほどさらす。ざるにあげ、水けをよくきる。にんじんは皮をむき、同じく5cm長さのせん切りにする。

2 小さめのフライパン（直径約22cm）にごま油を熱し、赤唐辛子とごぼうを中火で2〜3分炒める。にんじんを加えて炒め、油がまわったらAを順に加えて、汁けがなくなるまで炒め煮にする。

ピーマンのきんぴら

シャキシャキとした歯ざわりのよさを楽しむため、ピーマンは縦薄切りにして炒めます。

材料（2人分）

ピーマン…4個（160g）
ごま油…大さじ1/2
酒…大さじ1/2
塩…小さじ1/4
白いりごま…大さじ1

作り方

1 ピーマンは縦半分にして、ヘタと種を取り、縦7〜8mm幅に切る。

2 フライパンにごま油を熱し、ピーマンを中火で2分ほど炒める。しんなりしたら鍋肌から酒をふり入れ、塩で調味して、白ごまをふって炒め合わせる。

ピーマンは油で炒めると、独特の苦みと香りがやわらぎます。

三宝菜

具は、味出しのえび、香りのしいたけ、食感の白菜の3種。白菜の芯と葉は火の通り方が違うから分けて加えます。

材料（2人分）

殻つきえび…中8尾（150g）
A［塩…少々
　酒…大さじ1/2
片栗粉…大さじ1/2
白菜…2〜3枚（200g）
生しいたけ…1パック（100g）
しょうが（薄切り）…1/2かけ
サラダ油…大さじ1
塩…少々
合わせ調味料
［酒…大さじ1
　しょうゆ…大さじ1/2
　砂糖…小さじ1/2
　塩…小さじ1/4
　こしょう…少々
水溶き片栗粉
［片栗粉…大さじ1
　水…大さじ2
ごま油…小さじ1

作り方

1 えびは背わたと殻を取り除き、水でさっと洗って水けをふく。長さを半分に切り、Aをまぶす。

2 白菜は縦半分に切って、芯はひと口大のそぎ切り、葉は5〜6cm長さに切る。しいたけは2等分のそぎ切りにする。

3 えびの汁けをふき、片栗粉をまぶす。フライパンにサラダ油大さじ1/2を熱し、えびを色が変わる程度に中火でさっと炒めて取り出す。

4 フライパンをきれいにし、サラダ油大さじ1/2を熱し、しょうがを中火で香りよく炒める。白菜の芯を入れて2〜3分炒め、透き通ったら塩をふって、葉としいたけを加えて1分ほどしんなりするまで炒める。水1カップを加えて煮立て、合わせ調味料で調味する。

5 えびを戻し入れ、ひと煮する。全体を混ぜながら、混ぜ合わせた水溶き片栗粉を加えて、とろみがついたら、ごま油で香りをつける。

えびを豚こま切れ肉150gに代えて、同様に作ることもできます。

煮ものにだし汁は不要です。炒めものの延長と心得て

肉じゃがや大根の煮ものなど、甘辛い煮ものは、私の大好きなおかずです。ピカピカに炊いた白いごはんといただくとき、しみじみ「おいしい！」と感じます。

かねてから普段の食事の煮ものは、だし汁がなくてもよいのではないか、と考えてきました。読者の手紙や講習会では、「材料欄にだし汁とあり、なかったから作れなかった」「時間がないときに、だし汁をとってから煮ものを作るのは面倒」という意見も聞きました。

だし汁がなくても、肉や魚介など、うまみやコクをもたらす食材を組み合わせる、あるいは先に油で炒めてコクをつけさえすれば、煮ものは充分に満足できる味に仕上がります。ただし、肉を焼きつけたり、魚の下処理を少し丁寧にしたり、材料にまんべんなく油がまわるように炒めるなど、おいしく作るためのコツが必要です。レシピには、だし汁の代わりにそうしたポイントを書き入れることにしました。

肉じゃがを作るとき、以前はわが家でもだし汁を加え、うまみを濃くして作っていましたが、いちど、だし汁の代わりに水を使ってからは、肉じゃがにだしを使わ

なくなりました。水で煮たほうが、肉そのもののシンプルな味と、じゃがいも本来のほっくりとした風味が引き立つような気がします。

ここで大切なのは、先にも述べたように、材料をよく炒めてから煮るということ。そういう意味では、煮ものは炒めものの延長なのです。

炒めてから煮て、コクと風味をつける

炒めてから煮るやり方のメリットは、何といっても、油によってコクが出ることです。じゃがいもや大根は油がまわり、表面が少し透き通るまで炒めます。これだけで、淡泊な野菜にコクと風味がつきます。

肉は、たとえ薄切り肉であっても、色が変わるまで、きちんと炒めます。こうすると、肉のアクが抑えられ、臭みも消えます。

鶏肉や厚みのある肉の場合は、表面がこんがりと色づくまで焼きつけます。ここに調味料と水を加えて煮ることで、焼き目が煮汁の中で溶け、風味がグンとよくなります。この中で煮た野菜は、肉のうまみと香ばしさを吸収しておいしさがいっぱい。もう、だし汁は必要ありません。

具材を炒めて、油を全体にからめてから煮ます。

炒めてから煮ると味がしみ込みやすい

もうひとつのメリットは、味がしみ込みやすくなること。じゃがいもや大根は、透き通るまで炒めた部分に煮汁がしみ込みやすくなり、その部分にしっかりと味がつくので、口に入れたときに満足感があります。

さらには、野菜も肉も、先に炒めることによって、余分な水分がとび、甘みやうまみを凝縮することができます。

また、じゃがいもや大根は長時間煮ると煮くずれしやすい野菜ですが、炒めることで表面が固まり、煮くずれが防げるという、うれしい利点もあります。

落としぶたはひとまわり小さいものを

味をしみ込ませたいときは、落としぶたを使います。落としぶたには、ふたの下で煮汁をまわして、早く火を通す役割、煮汁の中で材料が踊って煮くずれするのを防ぐ役割があります。

落としぶたは小さすぎては効果がなく、鍋の直径よりも0.5㎜～1㎝小さいものがおすすめです。私は木製を使っていますが、ステンレス製のフリーサイズタイプでもいいし、ないときはアルミ箔をその大きさに切って使ってもよいでしょう。

火加減は中火～弱火。落としぶたのまわりから、煮汁がフツフツと軽く煮立つくらいの火加減が理想です。なお、木製の落としぶたは、ふたに煮汁がしみないように、必ず水でぬらしてからかぶせます。

また、大根などかたいものを煮るときは、早く火を通すために、「きせぶた」といって、落としぶたに加えて、鍋のふたをかぶせることもあります。

ぎりぎりの煮汁で煮る

煮ものを失敗する原因のひとつに、煮汁の量があります。ひたひたくらい、なかにはかぶるくらいと思っている方もいると思いますが、せいぜい具材が煮汁から頭を出す程度でいいんです。液体の調味料を加えますし、煮ているうちに、野菜からも水分が出てくるからです。

煮汁が多いと、水っぽい煮ものになってしまい、たとえ煮汁を煮つめても味がなかなか決まりません。

フライパンなら、炒めて煮るのも手軽です。

肉じゃが

牛肉のコク、じゃがいものほっくりとした口あたり、それにとろっと甘い玉ねぎ。この3種だけでも、肉じゃがは味のバランスが取れます。

材料（2人分）

じゃがいも（男爵）…2個（300g）
玉ねぎ…1個（200g）
牛切り落とし肉…150g
サラダ油…大さじ1
A［酒、しょうゆ、みりん…各大さじ2
　砂糖…大さじ1

じゃがいもは表面が透き通るまで炒め、牛肉は返しながら色が変わるまで炒めます。こうするとアクが出るのが抑えられます。

にんじんを加えると、彩りがよくなります。その場合は、½本（75g）を皮をむいて乱切りにしてください。

作り方

1 じゃがいもは皮をむいて6等分に切る。玉ねぎは縦2cm幅のくし形に切り、ばらす。牛肉は大きいものは切る。

2 フライパンまたは鍋（直径約22cm）にサラダ油を熱し、じゃがいもを中火で2分ほど炒める。玉ねぎを加え、さらに1分ほど炒める。全体に油がまわったら牛肉を加え、肉の色が変わるまで炒める（写真）。

3 水1カップを加え、煮立ったらアクをざっと取り、Aで調味する。落としぶたをして、弱めの中火にし、じゃがいもがやわらかくなって、煮汁が1/3量になるまで、10〜15分煮る。

豚バラ大根

べっこう色とつややかな照りが食欲をそそる、甘辛い煮ものです。豚肉の繊維がほろっとくずれ、大根がやわらかくなるまで火を通します。

材料（2人分）

大根…½本（600g）
豚バラかたまり肉…200g
A［酒、しょうゆ…各大さじ1
長ねぎ…⅓本
しょうが（薄切り）…1かけ
サラダ油…大さじ1
B［酒…大さじ1
　しょうゆ、砂糖…各大さじ2
こしょう…少々
水溶き片栗粉
［片栗粉…大さじ½
　水…大さじ1

豚肉を返すのは1回だけにして両面を焼き、脂を出します。この脂を大根にからめるように炒めるのが、おいしさのコツです。

作り方

1 豚肉は2㎝厚さに切り、Aをもみ込んで下味をつける。大根は皮をむき、3㎝厚さのいちょう切り、長ねぎは3㎝長さのぶつ切りにする。

2 フライパンにサラダ油を熱し、長ねぎとしょうがを中火で香りよく炒める。豚肉の汁けをきって（残り汁は取っておく）並べ入れ、肉の色が変わったら返して両面を焼く（写真）。大根を加えて炒め、全体に油がまわるように炒める。

3 豚肉の下味の残り汁、Bを加えてからめ、水2カップ、こしょうを加える。落としぶたをし、大根がやわらかくなるまで弱めの中火で40分ほど煮込む。仕上げに、混ぜ合わせた水溶き片栗粉を加えて混ぜ、とろみがついたら火を止める。

野菜はゆでっぱなしで味が濃くなります

数年前から、私は野菜をゆでたら、水にとらずにざるにあげ、ゆでっぱなしにしています。「陸上げ（おかあげ）」というやり方です。

以前はたっぷりの湯を沸かし、色をよくしようと塩を加え、ゆでたら冷水にとって冷ましてから、ざるにあげて水けをきっていました。こうすると、確かに色止めになり、火の通りすぎも抑えられるという利点はあるのですが、どうしても水っぽくなってしまうことが気になっていました。

「ゆでた野菜は水にとらない」が、おいしさの秘訣

試しに、水につけずにゆでっぱなしにして湯をきり、あえものを作ってみました。するると調味料がよくなじみ、水っぽくありません。小松菜やいんげんなど、野菜の緑色は冷水でしめたときのように鮮やかにはなりませんが、家庭料理は何よりも味が優先です。見た目よりも、調味料となじみ、野菜自体の甘さが感じられるほうが

よいと思います。ただし、アスパラガスは、ゆでっぱなしにすると表面が乾燥したように見えるので、流水にさっと通します。

ほうれん草もゆでっぱなしです。ほうれん草にはシュウ酸が含まれているので、ゆでた後で水によくさらしてアク抜きをしたほうがよい、と教えられてきました。ほうれん草であえものを作るときは、水にさらした後にどうしても水っぽさが残るので、「しょうゆ洗い」といって、しょうゆ少々をほうれん草にふってなじませ、余分な水けを絞ってからあえていました。

しかし、最近のほうれん草は、品種改良の成果で、アクがそれほど強くありません。ゆでっぱなしのほうれん草でお浸し（34頁）を作ると、以前は食べなかった3歳の孫が「おかわり！」と言うほど。ほうれん草と調味料が口の中で分離せずになじみ、口あたりがやさしいからでしょう。

葉ものは熱湯から茎、葉の順に、根菜は水からゆでて

順序が前後してしまいますが、ゆでる前にしておきたい下ごしらえがあります。ほうれん草や小松菜は、ゆでる前、根元に切り込みを入れてから水につけることです。ほうれん草

ほうれん草は、ゆでて水にとると、水っぽくなるだけでなく、色もくすみます。

も小松菜も、根元の茎と茎の間に泥がたまっています。根元から2㎝深さぐらいまで十文字に切り込みを入れた後で、ボウルに張った水に茎を下にして2〜3分つけると、切り口が開いて泥が落ちやすくなるのです。こうしてから、流水の下で茎の間をよく洗い流します。

沸騰させた湯に葉ものを入れるときは、茎、ひと呼吸おいてから葉の順に入れてゆでます。かたい茎を先にゆでで、ゆで上がりの火の通り加減を均一にするためです。

ちなみに、ゆでる湯はたっぷりでなくてもよいと思います。かぶるぐらいでよいのではないでしょうか？　というのも、最近の野菜はアクが少ないからです。塩も加えません。少々の塩を加えても味はつきませんし、塩が酸化酵素の作用を抑えるといっても、目に見えるほどの効果は期待できません。

なお、ごぼう、にんじん、大根などの根菜といも類は、火が通るまでに時間がかかるので、一般的に水からゆでます。

家庭料理は一緒ゆで、時間差ゆででいい

効率よく調理するひとつの方法として、「一緒ゆで」があります。たとえば「ポテトサラダ」（36頁）を作るとき、私はじゃがいもとにんじんの皮をむき、火の通りが同じにな

る大きさに切ってから一緒にゆでます。小さめの鍋にじゃがいもとにんじんを入れ、ひたひたの水を加えて火にかけます。ゆで上がりは水が底に1cm残るぐらいです。

水が少なすぎるのではないか、と心配される方もいると思いますが、このほうが野菜のうまみが逃げないように感じます。

皮ごとゆでたほうがおいしいのでは？　そう考える方もいると思います。確かに皮ごとゆでたじゃがいもはおいしいのですが、ゆで時間が長くかかることや、ゆで上がったじゃがいもがまだ熱々の状態で皮をむく大変さを考えると、多少の味の違いは目をつぶりたくなります。

「時間差ゆで」も、効率化を図るのに適したやり方です。時間差ゆでとは、ゆで時間に差があるものを、ゆで時間が長いものから短いものの順に入れ、ともにゆで上げるというやり方です。

たとえば、キャベツのスパゲッティは、スパゲッティのゆで上がり2〜3分前にキャベツを加え、ともに湯をきります。

火の通りにくいブロッコリーから先にゆで、後からアスパラガスを加えて、ともにざるにあげます。

小松菜や水菜、春菊でも同じように作れます。

ほうれん草のお浸し

ほうれん草をゆでてざるにとり、まだ温かいうちに割りじょうゆに浸します。味がよくしみて、口あたりもやわらか。

材料（2人分）

ほうれん草…1束（200g）

A［湯（または水）…大さじ3
　しょうゆ…大さじ1/2

削り節…適量

作り方

1 ほうれん草は根元に十文字の切り込みを入れ、たっぷりの水に2〜3分つけて、茎の間の泥を洗い落とす。4〜5cm長さに切って、茎と葉にざっと分ける。

2 鍋に湯を沸かし、茎を入れる。ひと呼吸おいて葉を加え、ひと混ぜする。再び沸騰したら、ざるにとる。

3 ほうれん草が温かいうちに水けを絞り、器に盛る。混ぜ合わせたAをかけ、削り節をのせる。

ブロッコリーとアスパラガスのだしマリネ

ゆでたままの野菜を水出し昆布に漬けていただきます。水にとらないので、昆布だしがよくしみ込みます。

材料（2人分）

ブロッコリー…1/2個（150g）

グリーンアスパラガス…1束（150g）

A［水…1 1/2カップ
昆布…5cm角1枚
塩…小さじ3/4

（好みで）オリーブ油、レモン汁…各適量

和風のマリネですが、オリーブ油やレモン汁をかけるとコクが出て、風味の変化が楽しめます。

作り方

1 ブロッコリーは小房に分け、茎は厚めに皮をむいて1cm厚さの輪切りにする。アスパラガスは根元1cmを切り落とし、根元から5cm分の皮をむいて、4～5cm長さに切る。

2 Aの昆布は半分に切る。バットにAを入れて塩を溶かし、10分ほどおく。

3 鍋に熱湯を沸かし、ブロッコリーを茎ごと入れる。2分ほどゆでたら、アスパラガスを加え、2分ほどゆでてざるにあげ、熱いうちに**2**に入れて漬ける。

4 器にブロッコリーとアスパラガスを汁ごと盛り、昆布は1cm角に切って散らす。好みで、オリーブ油やレモン汁をかけても。

ポテトサラダ

じゃがいもはあえてつぶさず、かたまりを残します。じゃがいもが口の中で溶ける感触も、おいしさのひとつだと思います。

材料（2人分）

じゃがいも…2個（300g）
にんじん…1/5本（30g）
玉ねぎ…1/4個（50g）
きゅうり…1/2本（50g）
ハム…2枚（30g）
A［レモン汁…小さじ1
　 塩、こしょう…各少々
マヨネーズ…大さじ4

作り方

1 じゃがいもは皮をむいて3cm大に切る。にんじんも皮をむき、3mm厚さのいちょう切りにする。

2 **1**を鍋に入れ、水をひたひたに加えて火にかける（写真）。煮立ったらふたをずらしてかけ、弱めの中火で竹串がスーッと通るまで10分ほどゆでる。

3 玉ねぎは縦薄切りにし、冷水に1～2分つけた後、2～3回もんで水けをしっかり絞る。きゅうりは2mm厚さの輪切りにし、塩水（水1/2カップ＋塩小さじ1/2）に15分ほどつけてしんなりさせ、水けを絞る。ハムは1.5cm角に切る。

4 **2**の湯を捨て、火にかけながら鍋を揺すって水分をとばす。ボウルに移し、Aで下味をつけ、さっと混ぜる（フォークで粗くつぶしてもよい）。粗熱が取れたら、**3**とマヨネーズを加えてあえる。

じゃがいもとにんじんは水から同時にゆでます。水は少なめのほうが、野菜のうまみが逃げません。

揚げ焼きなら、おうちで揚げたてが簡単です

揚げ油の処理が面倒で揚げものは家で作らない方も少なくありません。わが家では子どもたちが学生だったころ、とんカツをよく揚げていましたが、残った揚げ油を捨てるたびに「もったいない……」と思っていました。

「少ない油で揚げられたら、どんなによいだろう？」と思ったのがきっかけで、揚げものと油の量の試行錯誤が始まりました。その結果、行き着いたのが、「揚げるように焼く」ことです。

揚げ油は大さじ6以下。油の処理もなし！

直径26㎝のフライパンなら、揚げ油は大さじ6以下で、から揚げも、カツも、素揚げも、天ぷらやかき揚げも作れます。揚げ上がりの目安は、音です。パチパチはねる音が次第に小さくなったら揚げ上がり。ポイントは次の3点です。

ポイント①－フライパン全面に具材を入れること。こうすると、フライパンの油

のかさが増し、具材全体が油に浸ります。

ポイント②－衣または表面が固まるまでさわらずにいます。返してからも、固まるまでさわらないことです。

ポイント③－まだカリッと揚がっていない部分を揚げるために、フライパンを傾けながら揚げたり、油をかけたりします。

天ぷらは衣にひと工夫

天ぷらの衣は、小麦粉、片栗粉、冷水で作ります。片栗粉を加えるのは、カリッとした食感を出すためです。少ない油で揚げるときは、衣が早く固まるように、水の量を少なめにします。こうして揚げたなすの天ぷらは、表面はカリッ、中はジューシー。口の中でなすのみずみずしさが広がります。

おすすめは玉ねぎのかき揚げ（44頁）。「揚げるように焼く」ので、サクッとして焼き目が香ばしく揚がります。

（上）具は全面に入れて、油のかさを多くします。
（下）フライパンを傾けて油をためるようにして揚げ、全体をカラッと仕上げます。

鶏のから揚げ

サクッふわっの衣が自慢の鶏から揚げです。しかも1/2カップ以下の油で揚げられます。フライパンを傾けて、油を一方にためながら揚げてください。

材料（2人分）

鶏もも肉…小2枚（400g）

A［酒、しょうゆ…各大さじ1 1/2
　しょうが（すりおろす）…大さじ1/2

片栗粉、小麦粉…各大さじ5

サラダ油…大さじ6

カラッと揚げるために、衣が焼き固まるまで、返してはいけません。

作り方

1 鶏肉は余分な脂肪を取り除き、ひと口大に切ってボウルに入れる。Aを加え、汁けがなくなるまでよくもみ込む。

2 片栗粉と小麦粉を合わせ、1/2量を**1**に加えて、全体にしっかりまぶす。残りの粉類を加え、粉っぽさが表面に残るようにまぶす。

3 フライパン（直径約26cm）にサラダ油を中火で熱し、**2**をくっつかないように入れる。そのままさわらず、こんがりと色づくまで3分揚げ焼きにして返し（写真）、もう片面も3分ほど揚げ焼きにする。次にフライパンを傾け、焼き色が全体につくように、鶏肉を返しながら3分ほど揚げ焼きにする。

ハムカツ

薄いものは、少ない油の揚げものに適しています。チーズがトロッとはみ出すサプライズも、食べるときの楽しみ。

材料（2人分）
ロースハム…8枚（100g）
小麦粉…少々
プロセスチーズ…4枚（30g）
衣
［小麦粉…適量
溶き卵…1個分
パン粉…適量
サラダ油…大さじ3
キャベツ（せん切り）…1〜2枚

豚もも薄切り肉で作ることもできます。

作り方

1 ハムは2枚1組にしてバットに並べ、小麦粉を茶こしを通して表面に薄くふる。一方のハムにプロセスチーズをのせ、もう1枚のハムを重ねて、周囲を押さえながら閉じる。

2 **1**に衣の小麦粉を、中身が出ないようにしっかりとつける。続けて溶き卵、パン粉の順につける。

3 フライパン（直径約26cm）にサラダ油を中火で熱し、**2**を入れる。1分30秒ほどそのまま揚げ焼きにし、きれいな色がついたら返して、同じく1分30秒ほど揚げる。

4 器に**3**を盛り、キャベツのせん切りを添える。

フライドポテト

表面がカリッとして、中はホクホクです。手軽に作れるこの方法なら、いつでもリクエストにこたえられます。

材料（2人分）
じゃがいも…2個（300g）
サラダ油…大さじ3
塩…少々

作り方

1 じゃがいもは皮をむき、1cm角の拍子木切りにする。ペーパータオルで水けをふく。

2 フライパン（直径約26cm）にサラダ油とじゃがいもを入れて火にかけ、弱めの中火でときどきそっと返しながら15分ほど揚げ焼きにする。

3 表面が色づいてややカリッとしたら、ペーパータオルで余分な油をふき取る（写真）。さらに表面がこんがりと色づき、カリカリになるまで弱火で焼く。器に盛り、塩をふる。

表面を焼き固めてカリッとさせるために、油をふきます。

天ぷら三種

片栗粉入りの薄い衣をつけて揚げます。衣が食材にしっかりとからみ、パリッとした食感で、軽く、さっぱり。天ぷらが手軽な料理になります。

なすの天ぷらと同じ作り方で、ズッキーニの天ぷらもどうぞ。

材料（2人分）

サラダ油…適量

●ちくわの天ぷら

ちくわ…大2本（200g）

衣
- 小麦粉、片栗粉…各大さじ3
- 青のり…大さじ1/2
- 冷水…1/4カップ

●なすの天ぷら

なす…2本（180g）

衣
- 小麦粉、片栗粉…各大さじ3
- 冷水…1/4カップ

●玉ねぎのかき揚げ（6個）

玉ねぎ…1/2個（100g）

桜えび…大さじ3（6g）

衣
- 小麦粉、片栗粉…各大さじ3
- 冷水…1/4カップ

作り方

●ちくわの天ぷら

1 ちくわは縦半分に切る。

2 ボウルに衣の材料を合わせてよく混ぜ、ちくわを入れて、手で塗るように衣をつける。

3 フライパン（直径約26cm）にサラダ油大さじ4を中火で熱し、ちくわを離して入れる。全体がカリッとするまで、返しながら5〜6分揚げ焼きにする。

●なすの天ぷら

1 なすはヘタを切り、縦1cm厚さに切る。

2 ボウルに衣の材料を合わせてよく混ぜる。

3 フライパン（直径約26cm）にサラダ油大さじ3を中火で熱し、なすに**2**をからめて入れる。下の衣が固まってきたら返し、両面がカリッとするまで6〜7分揚げ焼きにする。

●玉ねぎのかき揚げ

1 玉ねぎは縦薄切りにする。

2 ボウルに衣の材料を合わせてよく混ぜ、玉ねぎと桜えびを加えて混ぜる。

3 フライパン（直径約26cm）にサラダ油大さじ3を中火で熱し、**2**をスプーンですくって、くっつかないように入れる（写真）。下の衣が固まってきたら返し、両面がカリッとするまで5〜6分揚げ焼きにする。

スプーンと菜箸を使い、フライパンに間隔をあけて置いていきます。

「漬ける」を知ると料理がラクになります

食材が余ってしまったとき、みなさんはどうしていますか？　わが家では野菜ならミネストローネのような野菜スープか、浅漬けにします。肉や魚なら、そのまま冷凍することもありますが、塩、みそ、しょうゆ、酢などに漬け込みます。漬けておけば、あとは加熱するだけですから、料理がとてもラクになります。

身近な調味料で漬ける

漬け地となる基本の漬けだれは、特別な調味料を必要としません。塩、しょうゆ、みそ、酢、油など、日常の調理で使っている調味料で充分です。たとえば、みそ漬けは、肉や魚にみそを塗っておくだけです。酒、みりん、しょうゆを合わせた照り焼きのたれにゆずを加えれば、香りのよい幽庵《ゆうあん》漬けも作れます。

身近な調味料で漬けられるので、朝食の準備のついでに漬けて、冷蔵庫に入れておき、夕食のおかずにしたりすることもしばしばあります。手間も時間もかからないので、思い立ったときにすぐに作れます。

手軽にポリ袋を使って漬ける

調味料も手軽ですが、必要とする道具もまた、手軽です。キャベツとにんじんの浅漬け（53頁）なら、普通のポリ袋が最適です。ポリ袋にひと口大に切った野菜を入れて、塩、場合によっては昆布や赤唐辛子を加えて混ぜます。ポリ袋がよいのはこのとき。袋の上からもんで混ぜることができるので、手が汚れません。

その後、空気を抜いてきっちり封をします。空気を抜くのは、重石《おもし》をかけるのと同じことであり、塩が早く回ります。

ジッパーつき保存袋で漬ける

肉や魚を漬けるときは、ジッパーつき保存袋を使います。ジッパーつき保存袋を使うと、少ない量の調味料でも具材全体にまんべんなく味がしみ、それゆえに長時間漬けても塩辛くなりません。

保存袋に具材と漬けだれを入れ、袋の上から軽くもんで、ポリ袋のときと同様に、空気を抜いて封をします。漬け時間は好みです。冷凍にするのもおすすめ。そのままを冷凍すると水っぽくなる魚も、身が締まって、おいしくいただけます。

肉や魚はジッパーつきの保存袋を使用。そのまま冷凍することもできます。

漬けだれの基本分量

しょうゆ麹

さけ、さわら、たらなどの切り身、豚肉、鶏もも肉などを漬けて。1切れにつき大さじ1を目安にまぶします。

材料（作りやすい分量）
米麹（乾燥）……200g
しょうゆ…………1 1/2カップ

作り方
米麹をほぐして、容量800mℓほどの保存容器に入れ、しょうゆを加えてとろみが出るまで混ぜる。ふたをずらしてかけ、1日に1回混ぜて、夏は常温で1週間、冬は10日〜2週間おいて発酵させる。冷蔵で約3か月保存可能。

照り焼きのたれ

ぶりなどの切り身を漬けて。鍋照り焼きは、鶏もも肉などをフライパンで焼き、たれをからめて。

材料（魚または肉2切れにつき）
酒、みりん、しょうゆ
……………………各大さじ1 1/2
＊鍋照り焼きは甘いほうがおいしいので、砂糖を好みで加える。

しょうが焼きのたれ

豚肉なら、しょうが焼き用肉だけでなく、こま切れ肉やしゃぶしゃぶ用肉を漬けても。鶏肉でもおいしい。

材料（肉200gにつき）
酒、しょうゆ
………………………………………各大さじ1 1/2
しょうが（すりおろす）………………小さじ2
砂糖………………………………………小さじ1

南蛮漬けのたれ

豆あじ、あじの三枚おろし、さばのそぎ切り、豚薄切り肉などに小麦粉をつけて揚げ、たれに漬けます。素揚げのなす、ピーマン、かぼちゃを漬けても。

材料（魚または肉200gにつき）
酒、みりん、しょうゆ、酢
……………………各大さじ2
砂糖…………………大さじ1/2
赤唐辛子（小口切り）……1本
水 ……………………1/2カップ

作り方
鍋に材料を合わせ、ひと煮立ちさせる。

めんつゆ

冷たいそばのつけ汁はもちろん、肉や魚、きゅうりや大根、ゆでた野菜を漬けても。

材料（基本分量）
だし汁（昆布かつお）…1カップ
みりん、しょうゆ…各大さじ3

作り方
鍋に材料を合わせ、ひと煮立ちさせる。

昆布かつおだしの基本分量

昆布かつおだし

材料（でき上がり3カップ強）
昆布…………………5cm角3〜4枚
削り節………………5g

作り方
❶鍋に水4カップと昆布を入れ、10分ほどおく。
❷①をごく弱火にかける。30分ほどして、コトコトと煮立ってきたら、昆布を取り出す。
❸中火にし、再び煮立ったら削り節を入れ、すぐに火を止める。削り節が沈んだら、ペーパータオルを敷いた万能ざるを通してこす（以前は、ここで削り節を絞るのは厳禁といわれたが、最近の削り節は雑味が少ないので、軽く絞ってもよい）。

ぶりの照り焼き

より脂がのり、やわらかい腹身を使ってもよいでしょう。

漬け汁に漬けて、魚焼きグリルで焼きます。私は3〜4日漬けたぐらいが、身が締まって好きです。

材料（2人分）

ぶり（背身）…2切れ（200g）

A［酒、みりん、しょうゆ…各大さじ1½

長ねぎ…½本（60g）

大根（すりおろす）…適量

作り方

1 ぶりはジッパーつき保存袋に入れ、Aを加え、空気を抜いて閉じる。途中で上下を返し、冷蔵室で1〜4日漬ける。

2 長ねぎは4cm長さに切る。

3 ぶりの汁けをきり、魚焼きグリルに並べる。ねぎを並べ入れ、両面に香ばしい焼き色がつくまで9分ほど焼く。ねぎは5〜6分焼いたら取り出す。

4 器に**3**を盛り、大根おろしを添える。

豚肉のみそ漬け焼き

豚肉とみそは相性がよいだけでなく、みそに含まれる酵素の働きによって、肉もやわらかくなります。

材料（2人分）

豚肩ロース肉…2切れ（200g）
みそ…大さじ3
サラダ油…大さじ1/2
かぶの甘酢漬け
- かぶ…1個（100g）
- 塩…小さじ1/3
- 酢、砂糖…各大さじ1

作り方

1 豚肉の片面にみそ1/2量を塗り、ジッパーつき保存袋に入れる。袋を返して、もう片面に残りのみそを塗る。保存袋の上からこするようにして全体にみそを行き渡らせ、空気を抜いて閉じる（写真）。途中で上下を返し、冷蔵室で2〜3日漬ける。

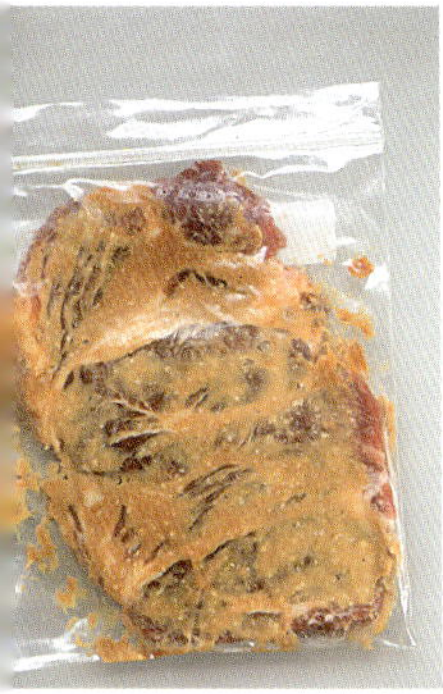

みそは肉の両面にまんべんなくつけます。

2 かぶの甘酢漬けを作る。かぶは茎を1cmほど残して葉を切り落とす。縦半分にして縦薄切りにし、ポリ袋に入れる。塩をふり入れ、空気を抜いて閉じ、20分ほどおく。出てきた水分を絞り、砂糖と酢を加えて混ぜ、再び20分ほどおく。

3 豚肉のみそをペーパータオルでふき取る。フライパンにサラダ油を熱し、豚肉を弱火で3分ほど焼く。きれいな焼き色がついたら返し、中に火が通るまで同様に3分ほど焼く。

4 **3**を縦横4等分に切って、器に盛り、**2**を添える。

豚こまの玉ねぎじょうゆ漬け

にんにく風味の甘辛だれが決め手です。玉ねぎの働きで、かための肉もやわらか。レタスに包んでどうぞ。

朝、出かける前に漬けておけば、夕ごはんが簡単に作れます。

材料（2人分）

豚こま切れ肉…200g
玉ねぎじょうゆ
　酒…大さじ½
　玉ねぎ（すりおろす）、しょうゆ、
　　砂糖、ごま油…各大さじ1
　にんにく（すりおろす）…小さじ¼
サラダ油…大さじ½
サニーレタス…2～3枚

作り方

1 ジッパーつき保存袋に玉ねぎじょうゆの材料を入れて混ぜる。豚肉を加え、袋の上からもみ込む。空気を抜いて閉じ、冷蔵室で半日ほど漬ける（写真）。

2 フライパンにサラダ油を熱し、1を広げて入れ、水分をとばしながら強めの中火で焼きつける。器に盛り、サニーレタスを添える。

玉ねぎのすりおろしと調味料を合わせて、肉を漬けるだけ。

キャベツとにんじんの浅漬け

ポリ袋で作れるお漬けものです。昆布のうまみと、ピリッとした唐辛子がアクセント。漬けたてはサラダ風。いくらでも食べられそうです。

材料（2人分）
キャベツ…3〜4枚（250g）
にんじん…1/3本（50g）
粗塩…小さじ1
昆布…3㎝角1枚
赤唐辛子（種を取る）…1/2本

作り方

1 キャベツはひと口大に切り、軸は3〜4㎝長さの薄切りにする。にんじんは皮をむき、薄いいちょう切りにする。

2 ポリ袋に1を入れ、塩をふって、袋の上からもんで混ぜる。昆布と赤唐辛子を加え、空気を抜いて閉じ、冷蔵室で3〜4時間漬ける（写真）。食べるとき、出てきた水けを絞る。

ポリ袋を使えば、洗い物の手間も省けて便利です。

調味料

料理がシンプルな場合、調味料は特に重要です。私が調味料を選ぶときの基準は、混じりけのない純粋なもの。うまみ成分などの添加物がないほうが、素材の持ち味を素直に味わえます。

ここで紹介するのは、私が普段使っているものです。なかにはスーパーでは入手しづらいものもあります。同じものをというよりも、調味料を買い求めるときの参考にしていただければと思います。

しょうゆ

うまみ成分などの添加がない、いわゆる生じょうゆ。クセがなく、やさしい味で、昔ながらの味わいがあります。

＊消費者御用蔵　国産特別栽培生じょうゆ（ヤマキ）

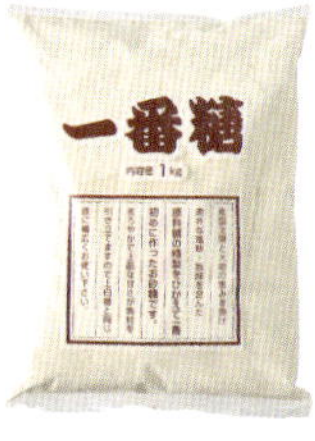

砂糖

なるべく精製度が低いものを選んでいます。「一番糖」は一番初めに作った砂糖。きめが細かく、甘さがまろやかです。上白糖の代わりとして使っています。

＊一番糖（山口精糖）

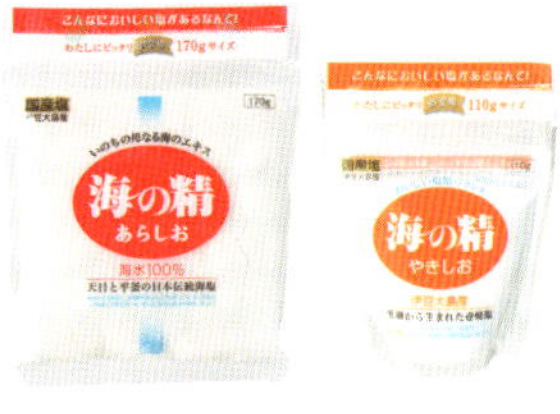

塩

伝統的な製法で作られ、化学的加工がされてない自然塩。しっとりした粗塩、さらさらした焼き塩の2種類があります。

＊海の精　あらしお／やきしお（海の精）

酒

料理には、辛口でも甘口でも、濃醇でも淡麗でもなく、全体にバランスが取れた酒が向いています。

＊金印　黄桜（黄桜）

みそ

2種類を用意しています。濃い色のみそは味わいが深く、うまみも濃いめ。淡色のみそは甘めで口あたりがなめらか。

＊（右）山吹味噌　無添加　大寒仕込み（信州味噌）
＊（左）紀ノ国屋　こし味噌（紀ノ國屋）

みりん

アルコールを14％ほど含む「本みりん」を使っています。照りとつや、コクとうまみをつける、煮くずれを防ぐ、臭みを消すなどの効果があります。

＊純米　古式本みりん（相生ユニビオ）

酢

私が使うのはもっぱら米酢。米酢は米のみを材料とし、穀物酢よりも酸味がまろやかです。伝統的な方法で醸造され、ほんのり甘みが感じられるものを。

＊美濃特選本造り米酢（内堀醸造）

ごま油

香りがとてもよく、コクがあります。口溶けもさらりとしていて、後味に油っこさが残りません。ドレッシングやあえものにも。

＊金岩井純正胡麻油金口（岩井の胡麻油）

オリーブ油

香りのよいオリーブ油を見つけたときは、そのまま料理にかけて楽しみます。

＊（右）アルチェネロ 有機エキストラヴァージンオリーブオイル ドルチェ（イタリア産／日仏貿易）＊（左）ヴィラブランカ オーガニック エクストラヴァージンオリーブオイル（スペイン産／nakato）

サラダ油

昔からこの綿実油を使っています。値段は少し高めですが、クセがなく、あっさりとしていて、口溶けが軽いところが気に入っています。

＊ダイヤモンドGブランド（岡村製油）

調理器具

調理器具は材質も大切ですが、大きさも大切だと思います。大きさが合わないと、調理がしづらいことも多いので、鍋、フライパン、ボウル、ざる、包丁などは、大きさの違うものをそろえておくことをおすすめします。

調理器具は値段に幅があるので、選ぶときに悩まれるかと思います。そんなとき、たとえ値段は少し高めでも、丈夫で使い勝手のよいものを選ぶほうが長年使え、結果としてよいように思います。

ざる

万能ざるはスープをこす、粉をふるうにも使えます。ゆでた野菜の湯をきるときは、ステンレス製の平ざるが活躍します。

ボウル

一般にはステンレス製のボウル、電子レンジには耐熱ガラス製のボウルを使います。サイズは大中小があると便利です。

包丁

杉本刃物社の刃渡り21㎝の牛刀と刃渡り15㎝のペティナイフ。大半の作業は、ペティナイフで行っています。

落としぶた

鍋よりも5㎜〜1㎝小さい木製ふたを鍋の大きさに合わせてそろえています。ステンレス製のフリーサイズタイプでもよいでしょう。

鍋

いちばんよく使うのは、ビタクラフト社の大（直径19㎝）、中（17㎝）、小（14㎝）の片手鍋です。熱伝導がよく、丈夫です。

フライパン

直径26㎝と直径22㎝の2つの大きさがおすすめ。北陸アルミニウム社の、内面がフッ素樹脂加工されたものを使っています。

ふきん

外国製のほうが大判で使い勝手がよいので、旅行に行ったときなどに買ってきます。材質は吸水性にすぐれるリネン製が多いです。

へら・菜箸

炒めものなどには木べら、あえものなどにはシリコンスパチュラをよく使います。写真右側のへらはハンバーグを返すときに便利。

計量機器

少なくとも、キッチンスケール、200㎖容量の計量カップ、計量スプーン（大さじ・小さじ）はそろえたいものです。

2. シンプルな味つけで失敗知らずに

めんつゆがなくても和食は失敗しない

和食を作るとき、私は「1：1：1の法則」を基本にしています。1：1：1とは、酒、みりん、しょうゆがすべて同量であること。この法則に基づけば、味つけに迷うことはありません。薄味にしたいなら、それぞれの量を減らし、逆に濃い味にしたいなら、それぞれの量を増やせばいいのです。

味つけは経験の問題ではありません。きちんと計量して、こうした基本の割合を押さえておけば、誰でもおいしく作れるのです。

洋食も同じです。ホワイトソースの割合を覚えておけば、グラタンもクリームシチューも作れます。玉ねぎ、トマトなど、味のベースとなる野菜の使い方を知っていれば、市販のルーやブイヨンに頼らなくても、カレーや味わい深いスープが作れます。

和食の味つけは1：1：1の法則で失敗なし

和食の味つけの基本は、酒1：みりん1：しょうゆ1。この割合を基にして多少のアレンジをすれば、肉じゃがも、煮魚も、きんぴらも、しょうが焼きも、失敗しません。だしを加えて作っても、だしの代わりに水を加えて作っても、この割合は変化しません。そういう意味では、まさに黄金比率なのです。

私自身も料理のレシピを考えるとき、必ずこの比率から味を算出します。迷ったときもそう。この比率にいったん戻って、考え直しています。

習い事はとかく基本に立ち戻ることが大切といわれますが、料理も決して例外ではありません。シンプルな基本から出発して、＋αしたり、アレンジしていけば、好みの味が必ず作れます。

酒1：みりん1：しょうゆ1＋好みの砂糖

酒、みりん、しょうゆには、それぞれ役割があります。酒は風味づけ、みりんはコクと甘み、しょうゆはうまみと塩分をもたらします。これら3つの調味料を同量ずつ合わせた基本の味は、辛口ですっきりしています。脂の少ない白身魚の持ち味を損ねないように煮るときや、そばやうどんのつゆ、だし汁の味を効かせたいときなどに向いています。

基本の味は、うまみ、コク、甘み、塩味がバランスよく取れたものですが、一般的な煮ものはもっと甘いほうが好まれます。そのときに使う調味料が砂糖です。

砂糖はあえて基本の味からはずしています。なぜなら、甘さは個人の好みによるので、個人の好みで調整できるようにするためです。ですから、レシピに書かれている砂糖の量はあくまで目安としてとらえてください。

しょうゆ（上）
大豆、小麦、塩を原料とし、発酵・熟成させた調味料です。しょうゆの魅力は、何といっても、味、香り、色。主原料の成分が、熟成期間中に、互いに作用し合って、独特の風味が得られます。
みりん（中）
コクと甘みをもたらす調味料。その甘みは砂糖の半分ぐらいでまろやかです。アルコール成分によって、煮くずれを防ぎ、味をしみ込みやすくする働きがあります。加熱しないで使うときは、アルコール分をとばして風味よく。
酒（下）
日本酒のこと。肉や魚の臭みを消し、うまみと香りをつけるほか、材料をやわらかくする働きがあります。みりんと同様、加熱しないで使うときは、アルコール分をとばします。

基本の味をチョイ甘辛と甘辛にアレンジ

そうはいっても、どの料理にどのくらいの砂糖を入れてよいのか、迷うかもしれません。そこで、基本の味（酒1：みりん1：しょうゆ1）を甘辛度0としたとき、砂糖の量がその1/3〜1/4と少なめの味をチョイ甘辛、1/2以上の味を甘辛として、味のイメージをしてみましょう。

チョイ甘辛向きの料理は、卵とじ、きんぴら、ひじきの煮ものなど、おもに副菜としていただくものが向くようです。副菜は甘みが強いと、主菜の味を邪魔してしまうような気がします。

甘辛向きの料理は、厚揚げの煮もの、肉じゃが、豚バラ大根、かれいの煮ものをはじめ、ぶり大根や角煮など、いろいろな料理に合います。砂糖の分量をどのくらいにしたらよいかに迷ったら、砂糖は他の調味料の半分を加えてみてください。ほぼ失敗なく作れると思います。

しょうゆの一部を塩に代えるアレンジ

料理によっては、しょうゆ色を抑えたい場合もあります。たとえば、れんこんを加えた炊き込みごはん。しょうゆ色が薄めのほうが、れ

しょうゆ大さじ１の塩分は塩約小さじ½にあたります。

んこんの存在感がアピールできます。そのときは、しょうゆの一部を塩に代えるようにします。

さあ、ここからは算数の時間です。しょうゆも塩も種類によって味に差がありますが、しょうゆ小さじ1の塩分は約1g、塩小さじ1は約6gですから、しょうゆの塩分は塩の6分の1にあたります。つまり、しょうゆ大さじ1（15mℓ）の塩分は、塩小さじ1/2（2.5mℓ）に相当します。

炊き込みごはんの基本の味つけは、米2合につき、酒、しょうゆ各大さじ2です。ごはんの色を薄くしたい場合は、そのうちのしょうゆ大さじ1を塩小さじ1/2に代えればよいことになります（70頁）。

しょうゆを塩に、塩をしょうゆに代える方法を知っていると、しょうゆ炒めを塩炒めに変えたり、塩味のお吸いものをしょうゆ味に変えたりもできて、とても便利です。そのうえ適度な脳の刺激にもなりますよ。

かれいの煮ものの味つけは、酒1：みりん1：しょうゆ1の割合に、砂糖を好みの量加えます。

厚揚げの煮もの

表面は味がこってりとからまり、中は豆腐の味わいが残るように炊きたいから、小鍋を使い、少なめの煮汁で煮ます。

同様にして、豆腐1丁を煮てもおいしいです。

材料（2人分）

絹厚揚げ…1枚（200g）

煮汁

- 水…1/4カップ
- 酒、みりん、しょうゆ…各大さじ1
- 砂糖…大さじ1/2

作り方

1 厚揚げはペーパータオルで包んで表面の油を取り、6等分の角切りにする。

2 小鍋に煮汁の材料を合わせて煮立て、厚揚げを加える（写真）。落としぶたをし、弱めの中火で5分、返して3～4分煮る。最後に落としぶたを取り、煮汁がほぼなくなるまで煮る。

煮汁は厚揚げが1.5cmほど浸るくらいで大丈夫。

油揚げとねぎの卵とじ

買いおきの材料で作れる、何げないおかずですが、ごはんにとてもよく合います。ねぎは青い部分も使い、香りよく。

最近の油揚げは油臭くありませんが、熱湯にさっと通して油抜きをしたほうが味がぼやけません。

材料（2人分）

卵…3個
油揚げ…1枚
長ねぎ…½本（50g）
煮汁
- だし汁…½カップ
- 酒、みりん、しょうゆ…各大さじ1
- 砂糖…小さじ1

作り方

1 油揚げは熱湯を通して油抜きをし、縦半分にして横8等分に切る(16等分)。長ねぎは青い部分も加えて、斜め1㎝幅に切る。卵は割りほぐす。

2 フライパン（直径約22㎝）に煮汁の材料を合わせて煮立て、油揚げと長ねぎを入れて2分ほど中火で煮る。弱めの中火にし、溶き卵を回し入れて、大きくそっと混ぜる。ふたをし、火からおろして好みのかたさに余熱で火を通す。

たらの煮もの

たらの淡泊な味を生かすため、砂糖を加えずにさっぱりと煮ます。仕上げに煮汁を回しかけ、魚の表面に味をからめてください。

材料（2人分）

たら…2切れ（200〜250g）

煮汁

- 酒、みりん、しょうゆ…各大さじ1½
- 水…½カップ

塩蔵わかめ…20g

作り方

1 たらはペーパータオルで水けをふき取る。わかめはたっぷりの水でもみ洗いし、水けを絞って、ざく切りにする。

2 小さめのフライパン（直径約22cm）に煮汁の酒とみりんを入れ、中火で煮立て、アルコール分をとばす。残りの煮汁の材料を加える。

3 再び煮立ったら、たらを並べ入れ、魚に煮汁をかける。落としぶたをし、4分ほど煮る。今度は落としぶたを取り、煮汁を回しかけながら2分ほど煮る（写真）。

4 最後にわかめを加え、ひと煮する。器に盛り、煮汁をかける。

さっぱり味の煮汁は、たい、あじなどにも向きます。

煮始めに煮汁をかけるのは、味を均一につけるため。仕上げに何度も煮汁をかけるのは、魚の表面に味と照りをからめるためです。

かれいの煮もの

甘辛味の煮魚です。身の中がしょうゆ色に染まるほどコテコテには煮しめず、身の白さが残るように煮て、煮汁をつけながらいただきます。

材料（**2人分**）

かれい…2切れ（300g）
ごぼう…1/2本（100g）
煮汁
　酒、みりん…各大さじ3
　水…2/3カップ
　しょうゆ…大さじ3
　砂糖…大さじ2

作り方

1 かれいはペーパータオルで水けをふき取る。ごぼうは皮を洗い、粗めのささがきにする。水に5分ほどさらしてアクを抜き、水けをきる。

2 小さめのフライパン（直径約22cm）に煮汁の酒とみりんを入れ、中火で煮立ててアルコール分をとばす。残りの煮汁の材料を加える。

3 再び煮立ったらごぼうを入れ、ふたをして5分ほど煮る。ごぼうを端に寄せ、かれいを並べ入れて（写真）、魚に煮汁をかける。落としぶたをし、弱めの中火で6～7分煮る。今度は落としぶたを取り、煮汁を回しかけながら2～3分煮る。

4 器に盛り、残った汁をとろりとするまで煮つめてかける。

煮汁が煮立ったところに魚を加えるのが、煮魚の決まりです。こうすると魚の身が瞬時に固まり、臭みが出ず、うまみも逃げません。

甘辛味の煮汁は、きんめ、めばる、いわし、さばなどにも合います。

鶏の炊き込みごはん

お米と具の色、風味が生きるように、しょうゆの一部を塩に置き換えて、しょうゆ色を抑えます。具材を下煮しないので、水の量は少なめです。

材料（2人分）
米…2合（360㎖）
水…1$\frac{1}{2}$カップ
鶏もも肉…小1枚（100g）
れんこん…$\frac{1}{3}$本（100g）
しめじ…大$\frac{1}{2}$パック（100g）
A［酒、しょうゆ…各小さじ1
B［酒…大さじ2
　しょうゆ…大さじ1
　塩…小さじ$\frac{1}{2}$

味が出る鶏肉をいちばん下に入れ、れんこんを重ねます。香りのよいしめじは最後にのせて、蒸気でふわっと蒸します。

れんこんをごぼう100gに代えてささがきにしてもよいし、里いも200gを食べやすく切って加えてもいいです。

作り方

1 米は炊く30分ほど前に洗い、水けをよくきる。炊飯器の内釜に入れ、分量の水を加えて浸水させる。

2 鶏肉は1.5cm角に切り、Aをまぶして下味をつける。れんこんは皮をむき、薄いいちょう切りにし、水にさっとさらして水けをきる。しめじは石づきを取り、長いものは長さを半分に切って、ほぐす。

3 1にBを加えて混ぜ合わせる。鶏肉、れんこん、しめじを順にのせ（写真）、混ぜずに炊く。炊き上がったら、水でぬらしたしゃもじでさっくりと混ぜる。

ルーはもう買わなくていい。だって本当は簡単だから

かつての料理本は、ダマがなく、なめらかなホワイトソース作りを伝えたいがあまり、こまやかなプロセスを盛り込みすぎて、かえって難しくなってしまったと、私自身の反省も含めて思います。だって、本当は簡単なのですから。

バターと小麦粉を炒めたルーに牛乳を加えるときは、牛乳を温める必要も、何回かに分けて加える必要もありません。ルーに玉ねぎを加えるレシピなら、なおさらのこと、ダマができる失敗はありません。

ホワイトソースの基本は、バター、小麦粉各大さじ1、牛乳1カップ

グラタンやクリーム煮のホワイトソースは、この割合を基準にして、具材や個人の好みに合わせ、小麦粉の量を大さじ1/2〜1程度増減するとよいでしょう（74頁）。クリ

ホワイトソースは煮つめてとろみがついたら完成。

ームシチューの場合は、牛乳の割合を多くして濃度を薄くします（76頁）。

実際に、作ってみましょう。フライパンにバターを弱火で溶かし、小麦粉を炒めます。玉ねぎを加える場合は、玉ねぎを炒めてから小麦粉をふって炒めます。小麦粉がバターになじんだら、牛乳を冷たいまま一気に加えます。ここが肝心！　冷たい牛乳を加えることで温度が下がり、小麦粉が牛乳に溶けやすくなります。あとは適度なとろみがつくまで混ぜながら煮つめ、塩、こしょうをふり、でき上がりです。

自家製カレーのこだわりは、炒め玉ねぎ

カレーほど奥が深い料理があるでしょうか？　レシピから、作り手のおいしさへのこだわりが多種多様に読み取れ、本当に興味の尽きない料理だと思います。

私の場合、そのこだわりに当たるのが、炒め玉ねぎと生のトマト。カレー粉の辛みに、あめ色に炒めた玉ねぎによって、甘み、うまみ、コク、風味を加え、トマトによって、酸味、うまみを補います（78頁）。

炒め玉ねぎは、スライス玉ねぎをサラダ油でひたすら炒めて作ります。目安は、カラメル状に色づき、かさが10分の1に減るまで。簡単ですが、根気と時間を要するので、一度に作りおきをして、小分けにして冷凍するのがおすすめです。

玉ねぎ１個なら、ここまで炒めるのに10分ほど要します。色づくまでは時間がかかりますが、色づき始めると急速に色が濃くなっていきます。

えびグラタン

表面にパン粉、パルメザンチーズ、バターをのせ、カリッと香ばしく焼きます。なめらかなソースだけでなく、風味のよい表面も、魅力です。

マカロニを加える場合は、80gをゆで、作り方3でえびと一緒に加えます。

材料（2人分）

殻つきえび…8～10尾（160g）
玉ねぎ…$\frac{1}{2}$個（100g）
マッシュルーム…1パック（150g）
サラダ油…大さじ$\frac{1}{2}$
A［白ワイン…大さじ1
　塩、こしょう…各少々
ホワイトソース
［バター…大さじ2
　小麦粉…大さじ3$\frac{1}{2}$
　牛乳（冷たいもの）…2カップ
　塩…小さじ$\frac{1}{3}$
　こしょう…少々
パン粉…大さじ2
パルメザンチーズ…大さじ1
バター…大さじ$\frac{1}{2}$

作り方

1 玉ねぎは縦薄切り、マッシュルームは半分に切る。

2 えびは背わたと殻を取り除き、さっと洗って水けをふく。大きければ半分に切る。フライパンにサラダ油を熱し、えびを入れて中火で炒める。色が変わったら、Aをふって取り出す。

3 ホワイトソースを作る。フライパンをきれいにし、バターを入れて弱火で溶かす(a)。**1**を入れて、弱めの中火にし、玉ねぎが透き通るまで色づけずに炒める。小麦粉を加えて炒め(b)、粉っぽさがなくなったら、牛乳を一気に注ぐ(c)。中火にし、焦げないように鍋底をよくかき混ぜながら煮立てる。**2**を戻し入れ、塩、こしょうで調味する。

4 耐熱性の器に**3**を入れ、パン粉、パルメザンチーズをふり、7㎜角に切ったバターを散らす。220℃に予熱したオーブンで15～20分焼いて焼き色をつける。

a 火力は弱火です。強すぎるとバターが焦げて、黒いソースになってしまいます。

b 小麦粉を玉ねぎとマッシュルームにからめるように炒めます。

c 冷たい牛乳を加えて小麦粉を溶かし、とろみがつくまで煮つめます。

チキンクリームシチュー

シチューは具の栄養と持ち味を、余すところなくいただける料理です。だからこそ自然の食材だけで作りたい。クセのないやさしい味です。

材料（2人分）

鶏もも肉…1枚（250g）

A ［塩…小さじ1/4
　［こしょう…少々

にんじん…1本（150g）

玉ねぎ…1/2個（100g）

じゃがいも…1個（150g）

ブロッコリー…1/2個（150g）

サラダ油…大さじ1/2

バター…大さじ1 1/2

小麦粉…大さじ2 1/2

牛乳…1 1/2カップ

塩…小さじ1

こしょう…少々

作り方

1 鶏肉は余分な脂肪を取り除き、ひと口大に切って、Aで下味をつける。

2 にんじんは皮をむき、太い部分は縦半分にして、5㎜厚さに切る。玉ねぎは4等分のくし形に切る。じゃがいもは皮をむき、1.5㎝厚さの半月切りにして、水にさっと通し、ざるにあげる。ブロッコリーは小房に分け、茎は厚めに皮をむいてひと口大に切る。

3 フライパンにサラダ油を熱し、鶏肉を皮側から入れて、弱火で色づけないように両面を焼き、取り出す。

4 フライパンにバターを足し、ブロッコリー以外の**2**を加えて炒める。全体に油がまわったら小麦粉を加え、弱めの中火で色づけないように炒める(a)。粉っぽさがなくなったら水1 1/2カップを加え(b)、中火にして煮立てる。

5 アクを取り、ふたをして、弱火で8〜10分煮る。野菜がやわらかくなったら牛乳を注いで混ぜ、中火にして**3**とブロッコリーを加える。塩、こしょうで調味し、静かに混ぜながら2〜3分煮て、なめらかなとろみをつける(c)。

a 小麦粉がシチューのとろみの素。全体にからめるように炒めます。

b 水を加えて小麦粉を溶かし、牛乳は分離しやすいので仕上げに加えます。

c シチューがへらにまとわりつくまで煮つまれば、でき上がり。

ポークカレー

カレーはいろいろ食べ、作ってきましたが、必ず戻りたくなるのが、この味。あめ色の炒め玉ねぎとトマトが決め手。

材料（2人分）

豚こま切れ肉…200g
玉ねぎ…1個（200g）
じゃがいも…大1個（200g）
にんじん…1本（150g）
トマト…1個（150g）
サラダ油…大さじ1
A
- バター…大さじ1
- にんにく、しょうが（各すりおろす）…各小さじ1

カレー粉…大さじ1
小麦粉…大さじ2
ローリエ…1/2枚
B
- しょうゆ…大さじ1
- 塩…小さじ1
- こしょう…少々
- （好みで）ガラムマサラ…小さじ1

ごはん…300g

作り方

1 玉ねぎは縦半分にして、縦薄切りにする。じゃがいもは皮をむき、ひと口大に切る。にんじんも皮をむき、太い部分は縦半分にして、乱切りにする。トマトは1cm角に切る。

2 フライパンにサラダ油を熱し、玉ねぎを入れてひと混ぜする。ふたをし、強めの中火にして、ときどき混ぜながら5分ほど蒸し炒めにする。鍋底に薄く焦げ色がついてきたら、水少々を加え、たえず混ぜながら焦げをへらでこすって、玉ねぎにからませるように炒める。これを繰り返し、あめ色になるまで10分ほど炒める。

3 Aを加えて中火で香りよく炒め、にんじん、じゃがいもを加えて3分、豚肉を加えて色が変わるまで炒める。カレー粉をふり入れて、香りが立つまで炒め、小麦粉を加えて炒める。

4 粉っぽさがなくなったら、水2カップを加え、鍋底をこすりながら2〜3分煮立てる。トマト、ローリエを加え、ふたをして、ときどき混ぜながら、弱火で10分ほど煮る。

5 仕上げにBで調味し、ふたをして5分ほど煮て味をなじませる。器にごはんを添えて盛る。

素材を生かせば、だしも、スープの素もいりません

スープの素を使わなくなって、10年以上になります。そのきっかけは、市販製品に頼ると、味がどうも画一的になってしまうように感じたからでした。

この方向転換は、間違っていなかったと思います。最近はだしですら、なければなくてよく、豚汁や魚のつみれ汁など、肉や魚介のうまみが加われば、あえてだしを使わなくてよいと考えています。

野菜を上手に使うとだしになる

その代わりに、私が使うようになったうまみ材料が、野菜です。野菜のスープをいただくとわかるように、野菜はそれぞれ固有の風味を持っています。こうした野菜の風味を組み合わせ、香りのよい油を使うことによって、ナチュラルで体にやさしいおいしさが得られます。

少しもの足りないときは、肉、魚介、それらの加工品、油揚げ、チーズなどの味出し食材で補ってください。

ブロッコリーと小松菜のポタージュ

青臭くなく、さわやか。栄養豊富で、小松菜と牛乳からカルシウムがたっぷりとれます。

材料（3～4人分）

ブロッコリー…1個（300g）
小松菜…1/2束（100g）
サラダ油…大さじ1
牛乳…1カップ
A［塩…小さじ1
　こしょう…少々

作り方

1 ブロッコリーは小房に分け、茎は薄切り。小松菜は2cm長さに切る。

2 鍋にサラダ油を熱し、ブロッコリーを入れてふたをし、ときどき混ぜながら弱火で3分炒める。小松菜の茎を加えて炒め、水1 1/2カップを加える。アクを取り、ふたをして弱火で5～6分煮、小松菜の葉を加えて2分煮る。

3 粗熱が取れたらミキサーにかける。鍋に戻して熱し、牛乳でのばす。温まったらAで調味を。

かぼちゃとにんじんのポタージュ

自然のやさしい甘さが体にしみます。この2種を合わせると、色がきれいです。

材料（3～4人分）

かぼちゃ…1/7個（250g）
にんじん…1本（150g）
サラダ油…大さじ1
牛乳…1カップ
A［塩…小さじ1
　こしょう…少々

作り方

1 かぼちゃは1cm厚さのひと口大に切る。にんじんは皮をむいて、薄いいちょう切りにする。

2 鍋にサラダ油を熱し、1を入れてふたをし、ときどき混ぜながら弱火で3～5分炒めて、水1 1/2カップを加える。アクを取り、ふたをして弱火で10分煮る。

3 粗熱が取れたらミキサーにかける。鍋に戻して熱し、牛乳でのばす。再び温まったら、Aで調味する。

ミネストローネ

元気になれそうな、野菜たっぷりのスープ。複数の野菜による相乗効果で、うまみが増します。ベーコンとチーズを加え、コクをプラス。

材料（2～3人分）

にんじん…1/2本（75g）
じゃがいも…1個（150g）
トマト…2個（300g）
玉ねぎ…1/2個（100g）
キャベツ…1～2枚（100g）
いんげん…50g
ベーコン…2枚（30g）
オリーブ油…大さじ1
塩…小さじ1
こしょう…少々
パルメザンチーズ…適量

作り方

1 にんじんは皮をむいて5㎜厚さのいちょう切りにする。じゃがいもは皮をむいて、1㎝角に切る。トマト、玉ねぎ、キャベツも1㎝角に切る。いんげんはヘタを取って1㎝長さ、ベーコンは1㎝角に切る。

2 鍋にオリーブ油を熱し、トマトといんげん以外の**1**を入れ、しんなりするまで2～3分中火で炒める。

3 水2 1/2カップを加え、煮立ったらトマトを加える。浮いてきたアクを取り、ふたをして2～3分煮る。

4 いんげんを加え、塩、こしょうで調味する。4～5分煮て、野菜がやわらかくなったら器によそい、パルメザンチーズをかける。

これだけの材料が入りますが、ベーコンはソーセージでも、いんげんは小松菜でもいいです。冷蔵庫にあるものを合わせるだけでも、おいしいスープになるのが、野菜スープの懐の深さです。ただ、ゴーヤやにらのように極端に風味が強い野菜は、避けたほうが無難です。

豚汁

だしは使わず、豚肉と野菜だけで作ります。さっぱりとした味わいで、素材の味が引き立ちます。根菜の滋味深い味にホッとする一杯です。

材料（2人分）
豚こま切れ肉…100g
大根…150g
にんじん…1/3本（50g）
ごぼう…1/4本（50g）
里いも…2個（120g）
長ねぎ…1/3本（30g）
ごま油…大さじ1
みそ…大さじ2

里いもは買ってきたらすぐに洗って泥を落とし、乾燥させてから、冷蔵庫の野菜室で保存するとよいです。

作り方

1 大根は皮をむいて5㎜厚さのいちょう切り、にんじんも皮をむいて大根より少し薄めのいちょう切りにする。ごぼうは皮を洗い、3㎜厚さの輪切りにして、水に5分ほどさらして水けをきる。里いもは皮をむき、6〜7㎜厚さの半月切りにする。長ねぎは小口切りにする。豚肉は1〜2㎝幅に切る。

2 鍋にごま油を熱し、豚肉を色が変わるまで中火で炒めて、大根、にんじん、ごぼうを加えて2〜3分炒める（写真）。水3カップと里いもを加え、煮立ったらアクを取る。ふたをし、弱火で10分ほど煮る。

3 ごぼうがやわらかくなったら、みそを煮汁で溶きのばしながら加え、ひと煮立ちさせる。仕上げにねぎを加え、煮立ってきたら火を止める。

豚肉と野菜をごま油で炒めて風味とコクをつければ、だし汁がなくてもおいしくいただけます。

あえものを知ると、副菜がすぐ決まります

献立についてはあとで話しますが、献立が決まらない理由のひとつとして、「主菜は決まっても、副菜をどうしていいかわからない」という悩みがあります。

そんなとき、私は「あえもの」をおすすめしています。この場合、酢のものも、あえものに含めます。どちらも、ごま、梅干しなど常備の食材と、酢、しょうゆ、砂糖、みそなどの調味料があればすぐに作れるうえ、ほとんどの野菜に対応できるので、「あと一品……」が決まりやすいのです。

酢のものは変幻自在

酢のものの基本は、しょうゆと酢です。しょうゆ1に対して酢1の割合で合わせると、「二杯酢」になります。ここに1/3～1/2の割合で砂糖を加え、甘酸っぱくしたものが「三杯酢」です。

酢のものは、だし汁または水を加えてもよく、それらは「加減酢」と呼ばれます。

加減酢は、だしや水で酸味をやわらげるので、味わいがマイルド。酸っぱいものが苦手な方や子どもたちにも喜ばれます。

和食のこまやかな知恵は、素材の違いに寄り添いながら、酢のものをさまざまに展開させてきました。れんこんのような食材の白さを損なわないためには、しょうゆを塩に代えて「甘酢」にします。ゆずやすだちなど、かんきつ類の香りのよい果汁を酢の代わりに使えば、おなじみの「ポン酢しょうゆ」になります。

ほかにも、三杯酢のしょうゆをみそに置き換えると、魚介にぴったりの「酢みそ」になりますし、三杯酢をベースにして、すりごまのコクを加えれば、オールマイティな「ごま酢」なります。

三杯酢に、しょうが、わさび、からしを加えてもよく、サラダにならって、オリーブ油をかけるのもおいしい食べ方です。どれも家庭の常備調味料で作れ、作り方も混ぜるだけなので、ぜひ毎日の食事に取り入れていただきたいと思います。

副菜に困ったら、まずは、ごまあえ

数あるあえもののなかでも、一番のおすすめは、ごまあえ

市販のすりごまを使えば、
ごまあえはすぐに作れます。

調和してくれます。（92頁）です。ごまあえはコクがあって風味がよく、どんな野菜と合わせても、うまく

私が若いころ、ごまあえは手間を要する料理でした。ごまを香ばしく煎り、すり鉢ですらなければならなかったからです。このとき、すり鉢を押さえるのは、子どもたちの役目でした。今ではすりごまや練りごまが手軽に入手できるから便利です。ごまあえ衣は、すりごま（または練りごま）に、しょうゆと砂糖を加えて混ぜます。もう少しコクが欲しいときは、水きりをした豆腐を加えて白あえにします。おすすめのあえ衣を左ページにまとめましたので、作るときの参考にしてください。

野菜は下ごしらえで水分を除く

酢のものにしろ、あえものにしろ、材料となる野菜の多くは、下ごしらえとして、塩をふったり、塩水につけて水分を適度に除くか、ゆでるかします。

塩水につけるタイプの代表は、きゅうりです。3％程度の塩水につけてしんなりするまでおいておき、水けを絞ります。塩をふって水分を除くよりも、味がちょうどよくなるのでそうしています。ゆでるタイプは、熱湯でゆでてざるにあげ、粗熱が取れてから使います。

合わせ酢とあえ衣の基本分量

【合わせ酢】

二杯酢

酒の肴、野菜の酢のもの、海藻の酢のものなどに。

材料（2人分）
- 酢 …………… 大さじ1
- しょうゆ…… 大さじ1

三杯酢

広く一般的に使えます。何にでもどうぞ。

材料（2人分）
- 酢 …………… 大さじ1
- しょうゆ…… 大さじ1
- 砂糖………… 大さじ1/3～1/2

甘酢

何にでも合います。れんこん、かぶなど、白さを残したいときにも。

材料（2人分）
- 酢 …………… 大さじ1
- 砂糖………… 大さじ1
- 塩 …………… 小さじ1/3

ポン酢しょうゆ

魚介、肉を加えた酢のものに使うと、さわやかな風味に。

材料（2人分）
- かんきつ類の絞り汁 …………… 大さじ1
- しょうゆ … 大さじ1

酢みそ

わけぎまたはねぎのぬた、いかや貝類などによく合います。

材料（2人分）
- みそ ………… 大さじ1
- 砂糖………… 大さじ1/2～1
- 酢 …………… 大さじ1/2
- 練りがらし… 小さじ1/2

ごま酢

野菜の酢のものにおすすめ。マヨネーズを加えても。

材料（2人分）
- 白すりごま… 大さじ1 1/2
- 酢 …………… 大さじ1
- しょうゆ…… 大さじ1
- 砂糖………… 大さじ1/2
- 水 …………… 大さじ1/2

（あえる素材による。水けの多いものは不要）

【あえ衣】

ごまあえ

青菜、キャベツ、ブロッコリーなど、野菜なら何でも。

材料（2人分）
- すりごま…… 大さじ1
- しょうゆ…… 大さじ1/2
- 砂糖………… 小さじ1/2～1

練りごまあえ

野菜、里いものほか、蒸し鶏にも合います。

材料（2人分）
- 白練りごま…大さじ1
- しょうゆ…… 大さじ1
- 砂糖………… 小さじ2
- 酢 …………… 小さじ1

白あえ

野菜、きのこ、ひじきなどに。数種を合わせて使うのもおすすめ。

材料（2人分）
- 木綿豆腐 … 1/2丁（150g）
- 白練りごま…小さじ2
- 砂糖………… 大さじ1
- 塩 …………… 小さじ1/3
- しょうゆ…… 少々

からしあえ

菜の花、小松菜などの青菜、ブロッコリーのほか、ゆで豚にもぴったり。

材料（2人分）
- 練りがらし…小さじ1/2～1
- 砂糖………… 小さじ1
- しょうゆ…… 大さじ1
- 水 …………… 大さじ1

梅肉あえ

大根、れんこん、かぶなど白い野菜とあえると色がきれい。

材料（2人分）
- 梅肉………… 大さじ1/2
- 酒 …………… 小さじ1/2
- しょうゆ … 小さじ1/3
- 砂糖………… 小さじ1/3
- 水 …………… 小さじ1

（あえる素材による。水けの多いものには不要）

おろしあえ

えび、かき、魚、たらこなどのほか、きのこや鶏のから揚げをあえてもおいしい。

材料（2人分）
- 大根おろし（水けをきって） …………… 1/2カップ
- 酢 …………… 大さじ1
- しょうゆ…… 小さじ1/2
- 砂糖………… 小さじ1/2
- 塩 …………… 小さじ1/3

わかめときゅうりの酢のもの

きゅうりは塩水につけているので、しょうゆは少し控えめ。わかめは熱湯につけて色よく。

材料（2人分）

きゅうり…1本（100g）
塩蔵わかめ…15g
A［水…1/2カップ
　塩…小さじ1/2
三杯酢［酢…大さじ1
　　　砂糖、しょうゆ…各小さじ1

作り方

1 きゅうりはヘタを取り、1～2mm厚さの小口切りにする。Aを合わせた塩水に5～6分つけ、ざるにあげて水けを絞る。

2 塩蔵わかめは塩を洗い流し、水けを絞る。小鍋に熱湯を沸かし、わかめを一瞬つけて冷水にとる。水けを絞り、3cm長さに切る。

3 ボウルに三杯酢の材料を入れ、砂糖をよく溶かす。**1**と**2**を入れてあえる。

たこ、オクラ、もずくの酢のもの

合わせ酢に水を加えた加減酢であえます。酸っぱすぎず、食べやすいです。

材料（2人分）

ゆでだこ…1/2本（50g）
オクラ…4本（40g）
もずく…50g
加減酢［酢…大さじ1
　　　砂糖…小さじ1
　　　しょうゆ…大さじ1/2
　　　塩…少々（1g）
　　　水…大さじ2
しょうが（せん切り）…少々

作り方

1 オクラはガクのまわりをくるりとむいて、塩少々（分量外）で表面をこすってうぶ毛を取る。さっとゆで、冷水にとって水けをふき、小口切りにする。

2 たこは薄切りにする。もずくは食べやすい長さに切る。加減酢は材料を混ぜ合わせる。

3 器にもずくを下盛りにし、オクラをのせて、たこを盛る。加減酢をたっぷりかけ、しょうがをのせる。

ほたてのぬた

「ぬた」は酢みそあえのこと。魚介によく合います。隠し味にからしをちょっと加えると、味が締まります。

材料（2人分）
わけぎ…6本（100g）
塩蔵わかめ…10g
ほたて貝柱（刺し身用）…2個（80g）
しょうが（せん切り）…少々

酢みそ
- みそ…大さじ1
- 練りがらし…小さじ1/2
- 酢、砂糖…各大さじ1/2

ほたて貝柱を、刺し身用のいかやえび（背わたを除き、殻つきでゆでて水にとり、殻をむく）各80gに代えても。

作り方

1 わけぎは3cm長さのぶつ切りにし、かたい根元は縦半分に切る。塩蔵わかめは塩を洗い流し、水けを絞る。ほたて貝柱は縦5mm厚さに切る。

2 鍋に熱湯を沸かし、わかめをさっと通して水にとり、水けを絞って食べやすく切る。次にわけぎを入れて1分ほどゆで、ざるにあげて広げ、冷めたら水けを絞る。

3 酢みそを作る。ボウルにみそと練りがらしを入れて混ぜ、酢でのばしてから、砂糖を加えて混ぜる。

4 器に**2**とほたてを盛り合わせ、**3**をかけて、しょうがをのせる。

春菊のごまあえ

白すりごまでもよいのですが、黒ごまのほうが香ばしさが勝った味に仕上がります。

材料（2人分）

春菊…1束（150g）

あえ衣

- 黒すりごま…大さじ1
- しょうゆ…大さじ1/2
- 砂糖…小さじ1

作り方

1 春菊は4cm長さに切り、茎の太い部分は薄切りにする。たっぷりの熱湯に茎、葉先の順に入れ、さっとゆでてざるに広げる。粗熱が取れたら、水けを絞る。

2 ボウルに1を入れ、あえ衣のしょうゆと砂糖を加えて混ぜる。最後に黒ごまをふり、あえる。

ブロッコリーのからしじょうゆあえ

からしのおかげで、キリッと引き締まります。菜の花やアスパラガスなどにも合います。

材料（2人分）

ブロッコリー…1/2個（150g）

からしじょうゆ

- 練りがらし…小さじ1
- しょうゆ…大さじ1
- 砂糖…小さじ1
- 水…大さじ1

作り方

1 ブロッコリーは小房に分け、茎は皮を厚くむいて1cm厚さのいちょう切りにする。鍋に熱湯を沸かし、ブロッコリーの茎、ブロッコリーの順に入れて、やわらかくなるまで3〜4分ゆで、ざるにあげる。

2 からしじょうゆを作る。ボウルに練りがらしを入れ、しょうゆを少しずつ加えてのばす。砂糖、水の順に加えて混ぜる。

3 別のボウルに1と2を入れてあえる。

いんげんとにんじんの白あえ

甘辛く、濃厚、口あたりがなめらかな白あえは、ボリューム感があって、若い人たちにも人気です。

材料（2人分）

いんげん…100g
にんじん…1/3本（50g）

白あえ衣
- 木綿豆腐…1/2丁（150g）
- 白練りごま…小さじ2
- 砂糖…大さじ1
- 塩…小さじ1/3
- しょうゆ…少々

白あえは、ゆでた春菊、アスパラガス、ほうれん草、きのこ類などいろいろな具材で作れます。

作り方

1 いんげんはヘタを切り、5㎜幅の斜め薄切りにする。にんじんは皮をむいて、3〜4㎝長さに切り、いんげんの幅くらいの短冊切りにする。

2 豆腐は厚みを半分にし、ペーパータオルに包んで10分ほど水きりをする。

3 鍋に熱湯2カップを沸かし、塩小さじ1（分量外）を加える。**1**を入れ、2分ほどゆでて、ざるにあげる。

4 白あえ衣を作る。ボウルに白練りごまと豆腐を入れて、フォークで少しずつくずしながら混ぜ合わせる（写真）。砂糖、塩、しょうゆで調味し、**3**を加えてあえる。

練りごまは混ざりにくいので、調味料を加える前に、豆腐をつぶしながら混ぜ合わせます。

3.

彩り、香り、食感も味のうち

だから料理はおもしろい

五感とは、目、鼻、耳、口、舌で感じる感覚のこと。私たちは舌で味を感じるだけでなく、見た目、香り、かんだときの音、口の中の食感でも、おいしさを感じています。

「五感に訴える」というとおこがましいのですが、五感を意識すると、料理の腕がグンと上がるのは確かです。

フライパンで焼いただけの肉に、青じそ、みょうが、ねぎを刻んでのせてみましょう。それだけで、さわやかさ、香り、かむ音、口あたりが加わり、肉だけのときよりも味わいが増すはずです。

見た目も、香りも、音も、食感も、味をフォローする大切な要素です。料理をするときは、調味にとどまらず、彩りはどうか、よいにおいがするか、やわらかさやジューシーさはどうか、なども気にかけると、ますます興味が湧いて、もっと楽しくなります。

香味野菜は魔法の杖

私が冷蔵庫に常備しているものに、「薬味ミックス」があります。和の香味野菜である、青じそ、みょうが、ねぎを刻んで合わせたもので、夏だけでなく、一年を通して利用しています。

作り方は「焼きなす」（98頁）、「まぐろの薬味あえ」（99頁）にも載せていますが、簡単に説明すると、青じそはせん切り、みょうがとねぎは小口切りにして合わせ、流水の下でほぐして、水けをきります。

薬味ミックスひとふりで、ワンランクアップ

薬味ミックスは、そばやうどんはもちろん、汁の浮き実、冷ややっこや納豆に加えるなど、毎日のように使います。魚の塩焼き、干もの、肉のソテーに、大根おろしとともに添えてもよく、わが家では、料理に欠かせないアイテムです。

刻んだ「薬味ミックス」は、流水の下で軽くもみ洗いをしてほぐします。

時には青じそと玉ねぎ、青じそとみょうがということもありますが、いずれも彩りがすがすがしく、香りも、食感もよいので、これをひとつまみのせるだけで、シンプルな料理がグレードアップします。

にんにく・しょうが・赤唐辛子の香りを立てる

にんにく、しょうがは、薄切り、みじん切り、すりおろしにしてよく使います。赤唐辛子はそのままのときもあれば、小口切りにして使うこともあります。

にんにくは、香りが強い中央の芯を取り除きます。こうすると、油で熱しているときに、薄切りにしたにんにくの芯がはがれて焦げる心配もありません。しょうがは皮の部分に香りがあるので、スプーンなどで、皮をこそげるようにしてむきます。赤唐辛子は種が辛いので、ヘタを切って逆さにしてふり、種を取ります。

中華のおかずなどで、炒めものに香りをつけるために、にんにく、しょうが、赤唐辛子を油で炒めることがあります（116頁）。このときは、弱火で焦げないように炒め、油から香りが立ってから、肉や野菜を加えて炒めるようにすると、料理に香ばしい香りがつきます。

香味野菜ミックスは保存容器に入れておくと、2～3日保存できます。

焼きなすの薬味のせ

焼きなすのいぶした香りが薬味野菜の香りと一体となったとき、何げない焼きなすがごちそうに変わります。

焼きなすの皮をむくのは熱くて大変ですが、なすを水につけると水っぽくなるので、指先を水で冷やしながらむいてください。

材料（2人分）

なす…4本（360g）

薬味ミックス
- みょうが…1個（20g）
- 青じそ…2枚
- 長ねぎ…5cm（10g）

しょうゆ…適量

作り方

1 なすは縦の切り込みを3～4本入れ、魚焼きグリルに入れる。ときどき返しながら、全体が黒くなり、中がやわらかくなるまで10～15分焼く。熱いうちに皮をむく。

2 薬味ミックスを作る。みょうが、長ねぎは小口切りにする。青じそは縦半分に切って横細切りにする。合わせてざるに入れ、流水の下でほぐし洗いをし、水けをきる。

3 器に**1**を盛り、**2**をのせて、しょうゆをかける。

まぐろの薬味あえ

まぐろの刺し身もたっぷりの薬味を添えて食べると、さわやか。いつもとはひと味違うおいしさを発見してください。

かつおの刺し身でもいいです。そのときは、わさびじょうゆをしょうがじょうゆか、からしじょうゆにするのがおすすめです。

材料（2人分）

まぐろ（刺し身用）…150g
薬味ミックス
　みょうが…2個（40g）
　青じそ…5枚
　長ねぎ…10cm（20g）
練りわさび、しょうゆ…各適量

作り方

1 薬味ミックスを作る。みょうが、長ねぎは小口切りにする。青じそは縦半分に切って横細切りにする。合わせてざるに入れ、流水の下でほぐし洗いをし、水けをきる。冷蔵室で冷やす。

2 まぐろは2〜3cm角のぶつ切りする。

3 ボウルにまぐろと薬味ミックスを入れて混ぜ、器に盛って、わさびじょうゆをかける。

ハンバーグは練りません

ハンバーグは、正式にはハンバーグステーキといいます。ステーキですから、できるだけ肉を食べている印象を強くしたいと、どれだけ多くのハンバーグを焼いてきたことでしょう。最終的に、ハンバーグには卵を加えないことにしました。卵が入るとかたくなり、肉の風味も薄れてしまうからです。

また、ひき肉は粘りが出るまで練り混ぜないことにしました。まとまる程度に混ぜるだけ。このほうが肉らしい食感が残り、肉汁が逃げないからです。

同じひき肉生地でも、つくねやぎょうざの場合は、逆によく練って、生地の中に水分を含み込ませることで、やわらかな口あたりに仕上げます。

材料（2人分）

合いびき肉…200g

A
- 玉ねぎ（みじん切り）…1/3個（70g）
- パン粉…1/2カップ
- 牛乳…1/3カップ
- 塩…小さじ1/3
- こしょう…少々

サラダ油…大さじ1/2

ソース
- トマトケチャップ…大さじ2
- ウスターソース…大さじ1

つけ合わせ
- いんげん…4～5本（50g）
- にんじん…1/3本（50g）
- バター…大さじ1/2
- 塩、こしょう…各少々

作り方

1 ボウルにひき肉とAを入れ、練らずに、全体がまとまる程度に混ぜ合わせる。2等分にし、片方の手にたたきつけるようにして空気を抜いて、ハンバーグ形にする。中央はくぼませず、バットの上で休ませる。

2 つけ合わせを作る。いんげんは

ハンバーグ生地はメンチ、ロールキャベツ、ミートボール、ミートローフにも利用を。

ハンバーグステーキ

焼き上がりの目安は、表面に透明な汁が浮いてきたとき。それ以上焼くと、ジューシーさが失われてしまいます。

ヘタを取り、4㎝長さに切る。にんじんは4㎝長さに切って皮をむき、いんげんと同じ太さに切る。鍋にたっぷりの水、にんじん、塩少々（分量外）を入れ、4分ゆでる。いんげんを加え、さらに2〜3分ゆでて、ゆで汁を捨てる。バターをからめ、塩、こしょうで調味する。

3 フライパンにサラダ油を熱し、**1**の下の面を上にして入れる。ふたを少しずらしてかけ、弱めの中火で3分ほど焼く。

4 きれいな焼き色がついたら返し、再びふたをずらしてかけ、6〜7分焼く。途中、焦がしすぎないように火加減を調節する。

5 **4**の真ん中がふっくらとふくらみ、肉の表面に透明な汁が浮いてきたら、器に盛り、**2**を添える。ソースの材料を混ぜ合わせ、ハンバーグにかける。

みそ風味つくね

れんこんをすりおろしてつなぎに使うので、もっちりとしてやわらかです。刻んだれんこんも加え、シャキシャキとしたアクセントをつけます。

材料（2人分／8個分）

肉だね
- 鶏ひき肉…150g
- れんこん…1節（150g）
- 酒…大さじ1
- みそ…大さじ1 1/2
- 砂糖…小さじ1

サラダ油…大さじ1/2
青じそ…2枚

ハンバーグと違ってよく練り、れんこんと水分をひき肉の中に含み込ませます。

おべんとうにも最適なおかずです。焼いてから冷凍しておくとよいでしょう。

作り方

1 肉だねのれんこんは皮をむいて1/2量はすりおろし、残りはみじん切りにする。

2 ボウルに肉だねの材料を全部入れ、よく練り混ぜる（写真）。8等分にし、スプーンと手を使って楕円形に丸める。

3 フライパンにサラダ油を熱し、2を並べ入れる。ふたをずらしてかけ、弱めの中火で2分ほど焼く。きれいな焼き色がついたら返し、再び2分ほど焼く。フライ返しで軽く押し、弾力があれば焼き上がり。青じそを添え、器に盛る。

ジューシーぎょうざ

カリッと焼いた皮から、野菜と肉のジューシーな汁があふれ出ます。これを目指して作ってきました。まずは、何もつけずに味わってみてください。

材料（2人分）

ぎょうざの皮…24枚
豚ひき肉…150g
キャベツ…2〜3枚（200g）
塩…小さじ1/4
にら…1/2束（50g）
にんにく…1/3かけ
しょうが…1/2かけ
A ┌塩…小さじ1/4
　 │こしょう…少々
　 └ごま油…小さじ1
サラダ油…大さじ1
つけだれ
┌しょうゆ、酢、ラー油
└…各適量

作り方

1 キャベツはみじん切りにしてボウルに入れ、塩をふってしばらくおく。しんなりしたら軽く手で押さえ、出てきた水分を捨てる（写真）。

2 にらはみじん切り、にんにく、しょうがはすりおろし、**1**のボウルに加えて混ぜる。

3 別のボウルにひき肉、Aを入れ、粘りが出るまでよく混ぜる。**2**を加えてよく混ぜ合わせ、24等分にする。

4 ぎょうざの皮の中央に**3**をのせ、皮のまわりに水をつけて2つに折り、ひだを寄せながらしっかりと包む。

5 フライパンにサラダ油大さじ1/2を熱し、**4**を並べる。ぎょうざが1cmほど浸るように湯を注ぎ（約1/3カップ）、ふたをして、中火で4〜5分蒸し焼きにする。

6 **5**の水分がなくなって皮が透き通ってきたら、ふたを取り、強火にして2〜3分焼いて水分をとばす。最後にサラダ油大さじ1/2を回しかけ、皮がカリッとするまで5分ほど焼く。器に盛り、つけだれを添える。

キャベツの適度な水分がジューシーさの決め手です。絞らずに、出てきた水分を捨てるだけにします。

肉のカリッも野菜のシャキッも、時間がおいしくしてくれます

料理は手をかければ、おいしくなるというわけではありません。時には動かさない、何もせずに放っておく、待っていることのほうが、おいしくなることがあります。

チキンソテーは一度返しでカリカリに

その代表的な料理がチキンソテー（108頁）です。皮はパイのようにパリッとカリカリに焼きますが、身はやわらかくしっとりと焼き上げます。

そのためには、まずは皮側から先に焼きます。肉の上から落としぶたなどでギュッと押さえつけて皮の凹凸をなくし、フライパンに密着させた状態で焼きます。ここで何度も返してはいけません。落としぶたで押さえつけた状態のまま、じっくりと8割ほど火が通るまで待ちます。すると、鶏の皮から脂と水分が出て、皮がパリッとなってきます。ここが返すタイミングです。

返してからは、落としぶたをはずし、そのまま火が通るまで焼けば完成です。

サラダ用の野菜はペーパータオルに包んでボウルに入れ、冷蔵室へ。

生野菜は冷蔵室に置いておくことでシャキッと

サラダ用の生野菜（108頁）は、歯ざわりがよく、おいしく食べられるように、切ったり、ちぎったりしたら、水にさらしてアクを取ります。ただし、きゅうりは、水にさらすと独特の青臭さも抜けてしまうので、水にはさらしません。

野菜は水けをきったら合わせ、ペーパータオルで包んでボウルに入れ、冷蔵室に置いておきます。その間に水分が野菜全体に行き渡り、シャキッとします。

ゆで鶏は1分ゆでたら放っておく

私のレシピでは、ゆで鶏（110頁）のゆで時間はわずか1分です。その後、鍋にふたをして、粗熱が取れるまで40～50分放っておいて完成！

加熱時間があまりにも短いので、中まで火が通るかしら、と心配されるかもしれませんが、大丈夫です。肉が大きいときは、包丁の先で切り込みを入れておけば問題はありません。

余熱による加熱は、直火での加熱よりも低めの温度で、ゆっくりと火が入ります。そのため肉の水分が失われにくく、驚くほどしっとりと火を通すことができます。

鶏胸肉は1分ゆでたら、ふたをして、余熱で火を通します。

チキンソテー＆グリーンサラダ

皮はこんがりとしてカリカリ、お肉はジューシーでしっとり。焼き方でチキンソテーは変わります。歯ざわりのよいサラダを添えてどうぞ。

材料（2人分）

鶏もも肉…2枚（400g）
A［塩…小さじ2/3
　こしょう…少々
サラダ油…大さじ1/2
粒マスタード…適量
グリーンサラダ
［レタス…2〜3枚（100g）
　玉ねぎ…1/4個（50g）
　きゅうり…1本（100g）
ドレッシング
［酢…大さじ1
　塩…小さじ1/3
　こしょう…少々
　サラダ油…大さじ2

作り方

1 サラダの準備をする。レタスはひと口大にちぎる。玉ねぎは縦薄切りにする。ともに冷水に5分ほど放して、水けをきる。きゅうりは小口切りにする。以上を混ぜ、ペーパータオルで包んでボウルに入れ、冷蔵室で冷やす。ドレッシングは材料を混ぜ合わせる。

2 鶏肉は余分な脂肪を取り除き、Aをふる。

3 フライパンにサラダ油を熱し、鶏肉を皮から先に入れる。落としぶた（またはフライ返し）で押さえながら、弱めの中火で7〜8分焼く。出てきた脂をペーパータオルでふき取り、さらに1分ほど焼いて皮をパリッとさせる。

4 返して、今度は、落としぶたはせずに、身側を2〜3分焼いて、中まで火を通す。

5 4を切り、器に盛って、粒マスタードを添える。1の野菜を別の器に盛り、ドレッシングをかける。

しっとりゆで鶏

鶏胸肉を余熱の中でゆっくり火を通すと、水分を逃がさずに加熱できます。だからしっとり。厚めの肉は包丁の先で数か所突いて火を通します。

材料（2人分）
鶏胸肉…1枚（200g）
A
- 長ねぎ（青い部分）…5cm
- しょうがの皮…少々
- 塩…小さじ1/2

サラダ菜…適量
ごまだれ
- 白練りごま、しょうゆ…各大さじ1
- 砂糖…小さじ2
- 酢…小さじ1

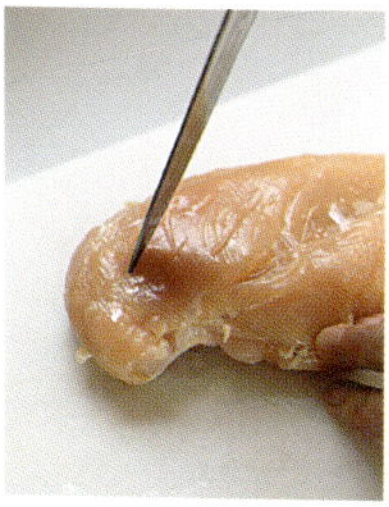

火の通りをよくするために、切り込みを入れます。

作り方

1 ゆで鶏を作る。鶏胸肉は身の厚い部分に包丁の先で数か所切り込みを入れる（写真）。

2 厚手の鍋に水4カップを沸騰させ、Aと鶏肉を入れ、ふたをして1分ほどゆでる。火を止め、ふたをしたまま40〜50分おいて火を通し、ふたを取って、粗熱が取れるまでおく。

3 ごまだれを作る。ボウルに白練りごま、砂糖を入れ、しょうゆを少しずつ加えて混ぜ、酢を加えて混ぜる。

4 **2**のゆで鶏の皮を取って裂き、サラダ菜を添えて器に盛り、**3**をかける。

ゆで鶏のスープを使えば、
絶品ラーメンが作れます！

材料（2人分）
中華生めん…2玉
ゆで鶏…1/2量
長ねぎ…5cm（10g）
ゆで卵（8分ゆで）…1個
スープ
- ゆで鶏のゆで汁…3カップ
- 酒…大さじ2
- 塩…小さじ1/3

しょうゆ…大さじ2
こしょう…少々
ごま油…小さじ2

作り方
1）ゆで鶏は1cm幅に裂く。長ねぎは縦に切り込みを入れて芯を取り、せん切りにして冷水に放し、パリッとしたら水けをきる。ゆで卵は縦半分に切る。
2）スープを作る。ゆで鶏のゆで汁はペーパータオルを敷いたざるを通して鍋に入れ、煮立てて、酒、塩で調味する。
3）袋の表示どおりに中華生めんをゆでる。
4）器に、しょうゆ、こしょうを分け入れ、熱々の②を入れる。湯をきった③を入れ、①をトッピングして、ごま油を落とす。

「手を休めずに混ぜる」が、ふわとろ食感の極意です

「とろ〜り、ふんわり」は、とても心ひかれる食感の表現ですが、実際に料理を作ってみると、コツを必要とする作業だったりします。

水溶き片栗粉は混ぜながら加える

あんかけやあんとじなど、中華や和食でおなじみのとろみは、たいていの場合、水溶き片栗粉を使います。

片栗粉と水の割合は同量でもよいのですが、私は片栗粉1を水2の割合で溶きます。倍量の水で溶いたほうが、使いやすいように思います。水溶き片栗粉は前もって溶き合わせておきますが、片栗粉が沈殿してしまったら、使う直前にもう一度かき混ぜて、白濁させた状態で使います。

片栗粉のでんぷんが固まるのは60℃以上なので、水溶き片栗粉は煮立った液体の中に入れるようにします。このとき、片方の手で水溶き片栗粉を入れ、もう片方の手でかき混ぜる

片方の手で水溶き片栗粉を加え、もう片方の手で混ぜます。ここが「とろり」のポイント。

ようにすると、ダマができず、なめらかなとろみがつきます。

かき玉汁の卵は全体に加える

かき玉汁（117頁）は、水溶き片栗粉で薄いとろみをつけた汁に、溶き卵を流し入れるところがポイントです。火加減は静かに沸いているぐらい。ここに溶き卵を少しずつ静かに、同じ場所に偏らないように、回し入れていきます。卵が固まって、表面にふわっと浮いてきたら、お玉で底から混ぜて、でき上がりです。

地獄蒸しが作る、ふんわり茶碗蒸し

蒸し器がないから、茶碗蒸しが作れないと思っていませんか？　フライパンとふたがあれば作れる方法があります。その名も「地獄蒸し」。

何やら恐ろしげな名前ですが、蒸気ではなく、フライパンに張った熱湯（1㎝深さもあれば充分）に茶碗蒸しの容器を入れて加熱します（117頁）。ふたをすることによって、フライパン内部に蒸気がまわり、蒸し器のような状態が作られます。初めに強火でさっと火を通したら、あとは弱火でゆっくり蒸し上げてください。

なお、使用する容器は厚手の陶製で、底が平らなものが望ましいです。

かき玉汁は、とろみをつけた汁を静かに煮立たせ、溶き卵を少しずつ加えます。ここが「ふんわり」のポイント。

―もやし春雨マーボー

―かに玉

一かき玉汁

一ひき肉茶碗蒸し

もやし春雨マーボー

みそ味のまろやかなマーボー。とろみをつけると、春雨のなめらかさがいっそう引き立ちます。

材料（2人分）
豚ひき肉…150g
もやし…1袋（200g）
春雨（緑豆）…30g
A［にんにく、しょうが（各みじん切り）…各小さじ1
　赤唐辛子（みじん切り）…1本］
長ねぎ（みじん切り）…大さじ2
合わせ調味料
［酒、しょうゆ…各大さじ1
みそ…大さじ1 1/2
砂糖…小さじ1
こしょう…少々］
水溶き片栗粉
［片栗粉…大さじ1
水…大さじ2］
サラダ油…大さじ1
ごま油…小さじ1

作り方

1 もやしはできればひげ根を取り、洗って水けをきる。春雨は熱湯につけてもどし、水けをきって、食べやすく切る。

2 フライパンにサラダ油を熱し、Aを弱火で香りよく炒める。ひき肉を加えて中火でほぐしながら炒め、肉から透明な脂が出たら、もやしを炒める。

3 水1カップを加えて煮立て、合わせ調味料を加える。煮立ったら春雨を加えて1〜2分煮、長ねぎを加える。フライパンの中を混ぜながら水溶き片栗粉を加え、とろみがついたらごま油を加える。

かに玉

卵液を流し入れたら、鍋肌から中央に向かってやさしく混ぜて、ふわっふわに仕上げます。

材料（2人分）
卵…4個
塩…少々
かにの身…100g
長ねぎ…1本（100g）
A［酒、しょうゆ…各大さじ1/2
こしょう…少々］
サラダ油…大さじ2

作り方

1 かには軟骨があれば取り除き、大きくほぐす。長ねぎは斜め薄切りにする。卵は割りほぐし、塩を加えて混ぜる。

2 フライパンにサラダ油大さじ1/2を熱し、長ねぎを中火で炒め、しんなりしたら、かにを加えてさっと炒める。Aで調味する。

3 **2**のフライパンにサラダ油大さじ1 1/2を足し、**1**の卵液を流し入れる。大きくふんわり混ぜ、スクランブル状に炒める。

かき玉汁

とろみは薄めにつけ、卵を加えたら、汁が濁らないようにひと呼吸おいて混ぜます。

材料（2人分）
卵…1個
だし汁…2カップ
A［酒…大さじ1
　塩…小さじ1/3
　しょうゆ…小さじ1
水溶き片栗粉
［片栗粉…大さじ1/2
　水…大さじ1
万能ねぎ（小口切り）…少々

作り方
1 卵は割りほぐす。
2 鍋にだし汁を入れて煮立て、Aで調味する。再沸騰したら、水溶き片栗粉を加え、お玉で混ぜながら薄いとろみをつける。
3 弱めの中火にし、静かに煮立つくらいの火加減にして、溶き卵を均等に回し入れる。卵が浮き上がってきたら、お玉でゆっくりと下から大きく混ぜる。器によそい、万能ねぎをふる。

紙を敷くのは器を安定させるため。ふたをふきんで包むのは、水滴が茶碗蒸しに入らないようにするためです。

ひき肉茶碗蒸し

フライパンで作れる、少しゆるめの茶碗蒸しです。ふるふるの食感を楽しんでください。

材料（2人分）
豚ひき肉…50g
生しいたけ…2個（45g）
長ねぎ…1/2本（50g）
サラダ油…大さじ1/2
A［酒…大さじ1
　しょうゆ…大さじ1/2
　こしょう…少々
卵液
［卵…小2個
　水…2カップ
　酒…大さじ1
　塩…小さじ2/3

作り方
1 生しいたけは石づきを除き、5mm角に切る。長ねぎは小口切りにする。
2 フライパンにサラダ油を熱し、ねぎをさっと中火で炒め、ひき肉を加える。肉の色が変わったら、しいたけを加えて炒め、Aで調味する。器に移す。
3 ボウルに卵を割りほぐし、水、酒、塩を混ぜて卵液を作り、2に注ぐ。
4 フライパン（直径約26cm）に水を1cm深さまで入れ、煮立てて火を止める。ペーパータオルを4つ折りにして、フライパンの中に敷き、3の器を置いて(a)、ふきんで包んだふたをかぶせる。(b)
5 4を強めの中火にかけ、煮立ってから3分、その後は弱火で10〜15分蒸す。竹串を茶碗蒸しの真ん中に刺し、透明な液が出てきたら蒸し上がり。

4.

段取り上手は、料理上手

料理は脳トレの場

段取りには2つあります。ひとつは、料理の段取り。レシピを効率よく作るためにはどうしたらよいか、という段取りです。もうひとつは、献立の段取り。食事はひとつの料理ではなく、一汁一菜、一汁二菜、一汁三菜など、献立から成り立っています。

食事を作るときは、献立を構成する各料理のプロセスをいちどシャッフルして、複数の料理ができるだけ早く、同時に、しかもおいしく食卓に並ぶように、手順を組み立て直します。

難しく考える必要はありません。材料を切るなど、まとめて行う作業はまとめます。冷たくてよい料理は先に作ります。火にかけっぱなしでいいときは別な作業を行い、時間のむだをなくします。少なくとも、この3点を心がけておけば、段取り上手への切符を手に入れたようなもの。脳トレ感覚で、楽しく作りましょう。

献立は食べたいものから決めて

献立をたてるとき、私は「何を食べたいか？」から考えます。「昨日は肉だったから今日は魚」というように、主菜から考えるときもあれば、「たけのこを見かけたから、今日は若竹煮」というように、季節の副菜から考えることもあります。

献立はパズルです

季節感やイベントを重視して決めることはあっても、一般的に、献立は、主菜、副菜、汁ものの順に決めるのがよいかと思います。主菜の料理を決めたら、その料理に足りない色を副菜と汁もので補います。

たとえば、主菜を肉じゃが（26頁）にすると、肉じゃがはしょうゆ色なので、緑の野菜、しかもフレッシュな野菜が欲しくなります。そこで副菜には、わかめときゅうりの酢のもの（90頁）を選びます。汁ものは冷蔵庫の野菜を使ってみそ汁にしましょう。

この献立例では、色が献立を考えるうえでのキーポイントになっています。うれしいことに、色から考えると、栄養的にもほぼバランスのよい献立ができます。

味、食感、そして何よりも手間のバランスを考える

すべてがしょうゆ味や塩味に偏らないように、酢のもの、マヨネーズ味やソース味などの料理も組み入れるようにし、春巻きなどカリッとした食感には、ふんわりとした卵スープを合わせるなど、味と食感にもできるだけ変化をつけましょう。

それよりも重視したいことは、手間。主菜に時間がかかるようなら、副菜は浅漬けやシンプルなサラダなど、「どこかで手を抜く」ことは、とても大切です。

また、時間があるときには、常備菜を作っておきましょう。野菜やきのこの常備菜があると、野菜が足りないとき、おかずがもの足りないときに助かります。

段取り上手のヒント

材料を切るときは、野菜が先、肉や魚を後にします。まな板と包丁が汚れにくい材料から切れば、洗う回数が少なくてすみます。みそ汁は、みそを加える手前までを他の料理に先がけて作っておき、他の料理が完成した段階で、みそを溶き入れるようにすると、気持ちにゆとりを持って、他の調理に取りかかれます。

最後は味をみて調整してください。味を確認して初めて、料理は完成するのです。

ごはんがすすむ常備菜
―なめたけ
―さけのフレーク

切り干し大根のはりはり漬け

ごぼう肉みそ

なめたけ

えのきたけを酒とみりんとしょうゆで煮るだけ。香りよく、クセのない味ですから、毎日のようにいただいても飽きません。

材料（でき上がり300g）

えのきたけ…大2パック（正味300g）

煮汁

酒、みりん、しょうゆ…各大さじ3

作り方

1 えのきたけは石づきを切り落とし、長さを3等分に切って、根元の部分をほぐす。

2 鍋に煮汁の材料を合わせて煮立て、えのきたけを入れる。混ぜながら中火で6〜7分煮て、えのきたけがクタッとなり、水分がなくなればでき上がり。

※冷蔵で1週間ほど保存可能。

さけのフレーク

フライパンを使って、生ざけを酒蒸しにします。しっとりとしたフレークなので、ごはんとのなじみがとてもいいです。

材料（でき上がり180g）

生ざけ…2切れ（200g）

酒…大さじ1

塩…小さじ1

作り方

1 生ざけはバットに入れ、酒と塩をふる。味がしみ込むように、ラップを密着させるようにかけ、20〜30分おく。

2 フライパンにさけを並べ入れ、弱めの中火にかける。ふたをして、焦げないように5分ほど蒸し焼きにする。色が変わったら返し、同様に蒸し焼きにして中まで火を通す。

3 バットに移し、皮と骨を取り除いて、食べやすいように細かくほぐす。

※冷蔵で1週間ほど保存可能。

切り干し大根のはりはり漬け

はりはりとした歯ざわり、ほどよい酸味が食を誘います。野菜不足を補うためにも、あるとうれしい一品です。

材料（でき上がり230g）

切り干し大根…1/2袋（40g）

にんじん…1/3本（50g）

漬けだれ

- 昆布…3cm角1枚
- しょうゆ、酢、砂糖…各大さじ1 1/2
- 赤唐辛子（種を取る）…1/2本

作り方

1 切り干し大根はざるに入れ、熱湯をかけてもどす。水洗いして水けを絞り、5cm長さに切る。にんじんは皮をむいて4〜5cm長さに切り、マッチ棒ほどの太さの細切りにする。

2 漬けだれは材料を混ぜ合わせる。

3 ジッパーつき保存袋に**1**と**2**を入れ、空気を抜いて密閉する。途中で上下を返して、2〜3時間漬ける。

※冷蔵で1週間ほど保存可能。

ごぼう肉みそ

うちの食卓の人気おかず。ごぼうのアクはあえて抜きません。よく炒めると、アクが甘さに変わるからです。

材料（でき上がり350g）

ごぼう…小1本（150g）

豚ひき肉…100g

合わせ調味料

- みそ、酒、みりん…各大さじ4
- 砂糖…大さじ2
- しょうゆ…小さじ2

サラダ油…大さじ2

作り方

1 ごぼうは皮を洗い、みじん切りにする。

2 フライパンにサラダ油を熱し、ごぼうを弱火で5〜6分炒める。透き通って水分が抜けるまで炒めたら、ひき肉を加えて炒める。

3 肉の色が変わったら合わせ調味料を加え、中火で水分がなくなり、ねっとりとするまで炒める。

※冷蔵で1週間ほど保存可能。

おわりに

時代とともに食材の成分も味も変わり、私の調理法も、だしの代わりにうまみが出る材料を加える、野菜はゆでたままで水にとらないなど、だいぶスリム化してきました。変化はしても、いつも根底にあるのは、「調理の基本に忠実であれ」という教えです。

お料理は季節の訪れを感じながら献立を考え、ひとつまみの塩で味が変化していくのを知る、楽しい作業です。おいしさにつながるこの楽しみを、皆さまと分かち合えたら幸いです。

最後に、魅力的な本にまとめてくださった上野まどかさん、遠田敬子さん、本物以上においしそうに撮ってくださった広瀬貴子さん、素敵な器を用意してくださった西崎弥沙さん、コンセプトを美しくデザインしてくださった高市美佳さんに、心から感謝を申し上げます。

石原洋子

石原洋子（いしはら・ひろこ）

料理研究家。日本料理、フランス料理、中国料理をその道の第一人者から学び、料理研究家のアシスタントを経て独立。自宅で主宰する料理教室は40年以上にわたって人気で、ほとんどの生徒が何十年も通い続けている。一方、テレビ、雑誌、書籍の分野でも活躍し、そのレシピはしっかりとした基礎と豊富な知識に基づき、繰り返し作れると大好評。3世代同居の食卓を長年にわたり切り盛りしてきたが、現在は夫とふたり暮らし。著書は『本当は秘密にしたい料理教室のベストレシピ』（朝日新聞出版）、『きょうの晩ごはん』（家の光協会）、『ふたりのごはん』（KADOKAWA）など多数。

STAFF

デザイン／高市美佳
撮影／広瀬貴子、
　亀和田良弘（54～55頁）
スタイリング／西崎弥沙
調理アシスタント／荻田尚子、
　泉名彩乃、清水美紀
構成・文／遠田敬子
校閲／滄流社
編集／上野まどか

シンプルはおいしい！

著者　石原洋子
編集人　小田真一
発行人　永田智之
発行所　株式会社主婦と生活社
〒104-8357 東京都中央区京橋3-5-7
TEL 03-3563-5321（編集部）
TEL 03-3563-5121（販売部）
TEL 03-3563-5125（生産部）
http://www.shufu.co.jp
製版所　東京カラーフォト・プロセス株式会社
印刷所　太陽印刷工業株式会社
製本所　小泉製本株式会社

ISBN978-4-391-15214-2

落丁・乱丁の場合はお取り替えいたします。
お買い求めの書店か、小社生産部までお申し出ください。